正风深一度

纠“四风”树新风典型案例评析

中国纪检监察杂志社　编

中国方正出版社

图书在版编目（CIP）数据

正风深一度：纠“四风”树新风典型案例评析/中国纪检监察杂志社编．—北京：中国方正出版社，2022. 7
ISBN 978-7-5174-1095-9

Ⅰ.①正… Ⅱ.①中… Ⅲ.①廉政建设-案例-中国 Ⅳ.①D630. 9

中国版本图书馆 CIP 数据核字（2022）第 122387 号

正风深一度
——纠“四风”树新风典型案例评析
ZHENGFENG SHENYIDU：JIUSIFENG SHUXINFENG DIANXING ANLI PINGXI
中国纪检监察杂志社 编

责任编辑：安乐明 张晓双
特约编辑：郭妙兰
责任印制：李惠君
责任校对：周志娟

出版发行：中国方正出版社
（北京市西城区广安门南街甲 2 号 邮编：100053）
编辑部：（010）59594609 发行部：（010）66560936
印制部：（010）59594625 门市部：（010）66562733
邮购部：（010）66560645
网 址：www.lianzheng.com.cn
经　　销：新华书店
印　　刷：北京新华印刷有限公司

开　　本：787 毫米×1092 毫米 1/16
印　　张：15. 75
字　　数：144 千字
版　　次：2022 年 8 月第 1 版 2022 年 12 月北京第 2 次印刷

ISBN 978-7-5174-1095-9 定价：46. 00 元

前　　言

“八项规定改变中国”，这是国际社会和全国人民对以习近平同志为核心的党中央担当历史使命、掌握历史主动，在持之以恒强化作风建设、坚持不懈推进中央八项规定精神贯彻落实上取得成就的高度评价和广泛赞誉，彰显出我们党刀刃向内自我革命的政治品格，展现了作风建设已然打造成为党的建设一张“金色名片”。与此同时，我们也清醒认识到，作风建设任务非常繁重，中央八项规定只是一个切入口和动员令，形式主义、官僚主义、享乐主义和奢靡之风等“四风”问题，树倒根存、积习难改，与其斗争将是长期艰巨复杂、丝毫不容疏失，这也是对共产党人党性觉悟、灵魂品格的一场大考。

风俗之变，迁染民志，关之盛衰。党的作风就是党的形象，关乎人心向背，关系党的生死存亡。党在各个历史时期的实践告诉我们，加强党的作风建设，核心是保持党同人民群众的血肉联系。党的十八大以来，党中央从制定“八项规定”入手，紧紧咬住纠正“四风”不放，一个毛病一个毛病纠治，一个问题一个问题突破，吹响加强作风建设的进军号角，迈出对全党进行革命性锻造的有力步伐。《中国纪检监察》杂志2020年推出《正风深一度》栏目，与各级党政和纪检监察机关一起，对“四风”问题进行了查摆解析、破题研究，对推进纠治工作高质量发展作了一些积极有益探索，努力成为纠“四风”树新风新征程上的观察者、记录者、探索者。

《正风深一度》内容涉及“四风”问题八大类16个方面表现，横跨理论、思想、实践、改革、制度等多个维度，努力用群众熟悉、平实练达的语言议人议事，文风朴实、接近大众，让更多人看得进去、看得明白，把党纠治“四风”踏石留印、抓铁有痕的坚定态度广泛有力传递开来。坚持问题导向、实事求是，是新时代纪检监察工作高质量发展的总要求和生命线，也是新闻宣传工作的遵循原则和命脉所在。《正风深一度》努力直面问题、切中时弊，有什么就谈什么，什么严重就突出什么，到什么程度就讲到什么地步，让更多人置身其中、产生共鸣，把“四风”危害逐一揭示曝光。再有，大家谈及“四风”都知道，这是一个长期存在的“老毛病”、整治起来的“老大难”，形成过程漫长、背后诱因复杂，既有主观也有客观，既有内在也有外在，一句两句很难讲清、泛泛而言很难说透，必须由表及里、层层剖析。杂志社的记者编辑同志们努力从具体表象入手，深挖思想观念、制度机制、管理措施、行为规范等方面的缺失，从而引发思考、给以启示，让更多人心有感悟、认识深化，把“四风”问题诱发深层次成因说清讲明。揭露“四风”、抨击“四风”、深挖“四风”，目的是拿出办法纠治解决“四风”。这方面的思考在栏目文章中占据很大部分、摆在突出位置，文中提及解决现实问题和实践矛盾的方法路径，都是记者编辑们在学习掌握中央相关政策规定基础上，扎到一线与从事具体工作的基层同志一起广泛讨论、深入研究得出来的，让更多人从中学知受益、践行有方。

正是上述原因，《正风深一度》一经推出就引起广泛关注，读者留言踊跃、反响强烈，文章被诸多纪检监察机关、主流媒体内参、门户网站平台学用转载，形成一定的影响力和品牌效应。近期，中国纪检监察杂志社将两年来《正风深一度》栏目刊发的稿件精选30余篇集结成册出版，希望能够对进一步推进新时代纠“四风”树新风工作提供新的视角、引发新的思考。

中国纪检监察杂志社

2022年6月

目　录

目　录

一、坚决贯彻党中央决策部署

揭开贯彻党中央决策部署的“假把式”

从2020年起，中央纪委国家监委公布的每月查处违反中央八项规定精神问题数据，对统计指标体系进行了调整优化，增加“贯彻党中央重大决策部署有令不行、有禁不止，或者表态多调门高、行动少落实差，脱离实际、脱离群众，造成严重后果”等问题，体现了强化政治监督、落实“两个维护”的坚定要求。从实践看，不用心、不务实、不尽力的问题集中发生在贯彻落实党中央决策部署、贯彻新发展理念、打好三大攻坚战以及疫情防控和复工复产等工作和领域中，影响政策落实效果。结合具体案例和基层反映，我们给贯彻党中央重大决策部署打折扣的典型问题画画像，透过现象分析其本质与危害，提出对策与建议。

表态多、行动少　用嘴巴代替手脚

无论做什么事情，态度如何都很重要。有好的表态是好事，但也应当注意，表态只是起点而不是终点，干工作不能光看“说”的姿态，关键还要看“干”的状态。现实中，一些党员干部对落实党中央决策部署“说得多、做得少”。

一种是口头表态，以开会代替落实。有的党员干部对贯彻党中央决策部署流于形式，只要嘴皮子功夫，简单的以会议传达会议，缺乏实际行动和具体措施。如陕西省西安市长安区原城管局党委书记、局长骆某先后组织召开扶贫工作会议 20 次，并多次强调扶贫工作的重要性，实际上却既未按照扶贫相关要求去驻村工作队指导检查工作，也未去过联户帮扶贫困户家中，丝毫没有起到党员领导干部应有的示范引领作用。有的用口头表态做敷衍，实际工作中“等拖靠”，对上级的决策部署不催不办。如甘肃省财政厅农业二处原处长金某对工作不抓落实、只当“二传手”，致使中央财政下达专项扶贫资金在省级财政滞留 146 天。

还有一种是纸面表态，以文件落实整改。有的党员干部热衷于做表面文章，实际却南辕北辙。如辽宁省葫芦岛市绥中县政府、东戴河新区管委会在违法围填海问题整改中，一面编造假文件，上报省市政府谎称违法项目已停止建设，一面顶风作案，召开专题会议加快推进违法项目建设。

表态很高调，表现不着调，说到底就是把表态当作了给上级看、给群众看的一种表演。热衷于逢场作戏“空表态”的背后，往往是功利主义、实用主义作祟。正如被查处的甘肃省委原书记王三运所说，“反正该做的批示我也批了，该开的会我开了，至于下面落实不落实，能不能很好落实，也没有去管”。把总结当成工作、把表态当成落实，看到难处就想“靠边站”，遇到困难就玩“击鼓传花”，这实际上是工作作风漂浮、责任意识不强的体现，看似是工作纪律问题，实则是政治纪律问题，根本上是党性不纯、思想不正、宗旨观念淡薄，政绩观错位、权力观扭曲。只想当官不想干事、只想揽权不想担责、只想出彩不想出力，致使政令落空、政策走样，透支人民群众对党和政府的信任。

调门高、落实差　用虚功代替实干

落实政策“不接地气”。有的对中央精神不加消化、囫囵吞枣，对接落实时不考虑本地实际，配套跟进不及时，甚至搞层层加码。如党中央提出厉行勤俭节约、反对餐饮浪费，各地本应就餐饮浪费的不同环节深入调研，再提出有针对性的实招，可有的地方却变了味，直接采用蛮横手段，诞生出诸如“点餐前称体重”“N-2 点餐模式”等简单粗暴的怪招，不仅不符合现实需求，还极有可能激发公众不满，造成舆论失焦。有的搞花拳绣腿“表面落实”，导致脱离群众、脱离实际。如记者在采访中了解到，国家下拨专项资金用于农牧民的职业技能培训，但一些地方罔顾地广人稀的实际下达指标，为了完成任务，基层就可能在名单上造假。

执行政策挑肥拣瘦。有的本位主义严重，在贯彻落实党中央决策部署时“缺斤少两”，合意的就执行、不合意的就不执行，致使不少政策“下不了镇、进不了村、入不了户、到不了人”。如江西省抚州市人社局副局长徐某某在落实门诊统筹制度过程中，选择性执行文件、擅自取舍内容，致使困难群众医疗费用不降反升。

贯彻部署阳奉阴违。有的表面上称“坚决贯彻”“不折不扣”，背地里却另搞一套，其性质更为恶劣。比如，尽管习近平总书记针对秦岭北麓违建别墅问题多次作出重要批示，但陕西省和西安市部分党员领导干部仍上有政策下有对策，不仅选择性执行，仅对部分违建别墅进行处置，还在整治上弄虚作假，在督察中走马观花。

“形象工程”屡禁不止。有的党员干部一心只追求个人升迁，想的是“不怕群众不满意，就怕领导不注意”，抓工作只要“短平快”、不要“长远实”。如贵州省黔南州独山县委原书记潘某某罔顾县财政每年收入不足 10 亿元的实际，盲目举债近 2 亿元打造“天下第一水司楼”“世界最高琉璃陶建筑”等景区，让当地背上沉重的发展包袱。

这些现象的出现，从主观上来说是政绩观错位，以人民为中心的发展思想树得不牢。比起踏踏实实干工作，喊喊口号、做做样子显然更容易。一些干部在唱高调之时本也满怀激情，准备冲锋陷阵大干一场，但奈何知识储备不足、应变能力不强，能力有限“干着急”，只好靠玩虚活儿的形式主义掩盖“本领缺失”。个别领导干部不能完完全全地把党中央决策部署执行到底，中间可能还有利益原因。他们怀揣“小九九”，错误地把个人利益置于党和人民利益之上，全然没有大局意识、全局意识。从客观方面来说，上级部门制定工作要求、布置统计任务时，指标参数一刀切，不考虑基层不同乡镇人口、经济基础、产业结构、资源禀赋等各方面的巨大差异，加之考核又比较机械化，只重视考察对象的汇报和一些书面材料，以资料多寡、“痕迹”是否明显来定绩效，一定程度上也催生了基层的形式主义。

用虚功代替实干，长此以往，必然是“劣币驱逐良币”，那些工作浮在面上、善于引起上级关注的人受表扬被提拔，求真务实、老老实实做事的实干家反而被认为能力不行，这无疑会挫伤想干事、能干事者的积极性。

爱甩锅、不作为　把责任状当作免责单

近年来，签订责任状已成为很多地方确保党中央决策部署落实落地的一个重要抓手，能够起到压实干部责任、倒逼工作落实的作用。然而，如果不管什么工作都层层签订责任状，不免有层层甩锅之嫌。

有的地方把责任状当作免责单，出了问题就说“我们已经签订了责任状，都是他们没有履行责任，要问责就问责他们”；有的不考虑基层实际和困难，任务一味下压，以至于有的基层同志说“到底签了多少责任状，自己都搞不清”；还有的签完责任状后，不指导、不督促，对工作能否有效落实不闻不问……如此种种，最终成为政令执行中的“拦路虎”“绊脚石”。

甩锅的另一种方式是拿属地责任说事。一些职能部门平时不认真履行本部门的职能，等到出问题了，不从自身找原因，而是拿属地责任当冠冕堂皇的挡箭牌，说基层党委政府没有在贯彻党中央决策部署时履行好属地责任。而基层很多时候又需找职能部门办事，年终考核也要看他们打分，只能为其“背锅”。

层层甩锅不作为折射出的是一些上级部门缺乏担当、“官本位”思想严重、“把自己摆进去”意识不强等问题，信奉“官大一级压死人”，有着“权力我要掌握，责任下面去背”的想法，致使本该由他们落实的责任打了折扣。此外，制度建设和执行存在短板弱项，基层权责不匹配也是导致该问题发生的另一大原因。一些工作任务被层层分解到乡镇街道，工作标准都很高，时间要求都很紧，但又没有配套相应的权力和资源，基层根本“接不住”，但又“不得不接”“不敢不接”。

整治难、根治难　问题长期存在不时反弹回潮

记者采访中，不少地方纪检监察干部表示，影响中央政令畅通的形式主义、官僚主义看似新表现、实则老问题，在很多领域存在，也有多种表现形式，而发现难、界定难、处理难是其反反复复难以根治的难点所在。

发现难。不少纪检监察干部反映，贯彻党中央重大决策部署不力的形式主义、官僚主义问题，虽然危害性很大，但其行为的后果和影响难以直接显现。像时任独山县委书记的潘某某以工程开发、形象打造为由大肆向各金融机构举债，一时营造出发展迅速、事业兴旺的假象，几年后当地民生福祉非但没有改善，反而因此背上沉重包袱。另外，这类问题更多地发生在党政机关和企事业单位内部工作运转中，社会媒体和群众往往难以了解情况，而有的地方和部门却秉承着“不告不理”的原则睁一只眼闭一只眼。

界定难。采访中发现，不少基层同志对“党中央重大决策部署”这一概念认识不一，有的认为地方党委政府抓的工作也应纳入其中。另外，虽然该问题在每个领域、每项工作中都有可能发现，但常与党员干部履行职责、开展工作交织在一起，有的难以与正常工作区分，行为更加隐蔽，政策界限不好把握。

处理难。“存在此类问题的多为领导干部和领导机关，

有些地方一到处理人就投鼠忌器，抹不开面子而不敢揭问题的盖子。”某省一基层干部诉苦：“有的为了应付上级检查或平息舆论甚至‘舍车保帅’，拿基层干部顶包。”此外，处理难还源于责任分清难。因贯彻党中央重大决策部署不力而产生的问题有时在多年后才显现，只要自己任内不出问题，即使后来证明当初决策失误，一般对其个人仕途也没什么影响，“烂摊子”往往留给了继任者，所以对此类问题，处理谁、怎么处理就可能需要综合考量。

真叫板、求实效　让“假把式”干部暴露在阳光下

空谈误国，实干兴邦。整治贯彻党中央决策部署敷衍塞责打折扣现象，要在政策制定和政策执行上下功夫，把纪律和规矩立起来，敢于动真碰硬，坚持标本兼治，不给“假把式”干部留下可乘之机。

贯彻党中央决策部署和习近平总书记重要指示批示精神是严肃的政治纪律和政治规矩，要督促各地区各部门真正重视，解决“说起来重要、做起来不要”的问题。一看党委是否有议，是否把学习党中央决策部署和习近平总书记重要指示批示精神作为头等大事，召开专题会议或设置相关议题，进行专门研究。二看是否有专责部门，健全的贯彻落实工作机制，重要工作明确牵头单位乃至成立工作专班。三看

是否有具体措施，形成建立台账、专人盯办、会议传达、研究部署、调研督查、现场核查的工作闭环。四看工作是否有阶段性进展，定期了解工作进度，及时解决过程中出现的困难，防止出现“工作只有头和尾”“计划改头换面就是总结”的现象。

力推务实求实，打破工作“打空转”、问题难发现的困境。贯彻党中央精神不是喊口号，要结合当地实际、经过深入调研形成符合党中央精神的一系列具体举措，并在实施中早见成效、大见成效。先查措施制定过程，看各部门是否前期做好调查研究，听取民意、了解情况、排查困难，全面深入了解基层实际情况，是否存在不接地气的“空中政策”和相互打架的“本位政策”。再查政策与具体实际匹合度，看各地在落实过程中是否以群众利益为出发点，紧密结合当地情况，制定可操作性强的配套政策，有没有政策“水土不服”现象。还要查工作取得的实绩实效，看是否有利于当地经济社会发展和长远利益，取得实际效果，是否让老百姓真正得实惠。最后查普通党员群众的反映评价，看政策执行是否调动广大干部群众积极性，过程中是否有负面声音充盈、负面效果显现。

政声人去后，民意闲谈中。对于党员干部来说，贯彻落实党中央决策部署不是权宜之计，必须牢固树立正确政绩观，既做显功，也做潜功，追求人民群众的好口碑、历史沉淀之后真正的评价。要不断健全和完善全程督查问效、失职问责追责机制，建立责任可追溯机制，实行终身问责，终结“时过境迁无人负责”的难题。明确责任重点，紧盯领导机关和领导干部，坚决纠正只追究普通党员干部直接责任、忽视追究领导干部责任的行为。明确主要责任人，每个项目都应责任到人，无论何时都有人担责，不是一笔“糊涂账”。明确前后任责任界定，前任领导决策出了问题要承担主要责任，不能“拍屁股”走人；继任领导不能“新官不理旧账”，如果发现问题置若罔闻，就要承担连带责任。对贯彻落实党中央决策部署不力的行为发现一起、查处一起，对典型问题通报曝光，明确严肃追责鲜明态度，释放有权必有责、有责要担当，用权受监督、失责必追究的强烈信号。

对于党中央决策部署，如果一个层级的组织在落实上打些折扣，就会产生乘数效应，从单个层级的“小折扣”变成落地时的“大扭曲”，影响决策部署的落地实效。因此必须强调各负其责，完善权责相匹配的基层管理体制，建立权责清单，厘清权责边界，从只要基层负责向各级分担责任转变，防止将责任全压到乡镇一级。完善重实干重实绩的考核评价机制，从注重纸面留痕向突出结果导向转变，多到实地看、多听群众说，多看“后院”和“角落”，少看“门面”和“窗口”，防止简单以查台账、查记录、查笔记、查影像、查 App 等方式评价工作。多开展“四不两直”式明察暗访，深入一线摸清情况、找准问题、提出对策、推动工作，从习惯听取口头汇报向合力解决实际问题转变，及时纠正贯彻落实中的偏差，防止出现“眼中只有成绩没有问题”、对基层呼声充耳不闻等怪象。

（韩建明　沈　叶　侯逸宁）

（本文原载《中国纪检监察》杂志 2020 年第 19 期，收入本书时略有修改）

把说了当成做了　虚报数据搞应付

2020 年 4 月底，中央纪委国家监委网站公开通报 5 起形式主义官僚主义典型问题，其中就包括贵州省黔西南州册亨县坡妹镇人民政府副镇长杨某某在脱贫攻坚工作中敷衍整改的问题。面对册亨县人民政府和县纪委监委的整改意见，杨某某把高度重视挂在嘴上，但在具体工作中只表态不落实，搞敷衍整改、虚假整改，最终受到政务警告处分。

事情的来龙去脉，还得从册亨县的一项住房安全保障监督说起。2019 年 11 月 21 日，黔西南州州级审查评估工作组反馈，在册亨县摘帽退出审查评估工作中，坡妹镇上报的数据与实地检查情况不符，存在弄虚作假问题。上报数据显示，坡妹镇住房保障工作已全面完成，其中 2019 年农村危房改造任务开工 7 户、竣工 7 户。实际上，该镇还存在 2 户农户新建房未完工、1 户农户仍住老旧房等问题。

收到问题线索后，册亨县纪委监委立即成立核查组展开核查。核查组发现，早在 1 个月前，分管副镇长杨某某就因住房保障工作滞后，被县人民政府和县纪委监委约谈过。“针对住房保障项目推进不力，工作进度滞后，存在资料提供不及时、组织验收不及时、补助资金兑现缓慢等问题，我当时表态，10月30日前全面完成住房保障相关建设、验收和资金兑现工作。”杨某某说。

原来，截至2019年10月，农村危房改造“三改”仍有7户农户补助资金未兑付到位。同时，坡妹镇存在部分项目未及时组织验收等问题。

被约谈后，杨某某当场签字承诺于10月30日前全面完成住房保障相关工作，随后向县人民政府递交《关于坡妹镇开展住房保障工作滞后的检查》，再次承诺坡妹镇一定如期完成住房保障工作任务。

“我以为检查、约谈结束就没事了，所以没有把问题整改放在心上。”作出承诺后的杨某某以为上级部门肯定不会再来检查，于是心安理得当起了“甩手掌柜”，把整改要求抛诸脑后。针对存在的问题，杨某某仅仅只是召集驻村干部和各村“两不愁三保障”施工方代表以会议的形式安排落实，由各村指挥部推荐施工队统一进行施工建设、监督管理和验收。他要求乡镇危改办公益性岗位人员负责督促检查，自己却没有到现场去看一看。

此前发现的问题整改情况如何呢？临近上级检查整改落实，杨某某又想编点资料应付应付，试图蒙混过关。2019年11月，州级审查评估工作组到坡妹镇开展实地检查，发现该镇仍存在2户农户新建房未完工、1户农户仍住老旧房等问题。该数据结果与此前杨某某签字上报给县住房安全保障专班的数据不吻合。

核查组工作人员认为，“推动解决问题是开展约谈工作的出发点和落脚点，而杨某某却对整改要求置若罔闻。作为分管住房保障工作的副镇长，杨某某以会议安排落实，对危改工作没有亲自抓在手上，只是停在嘴上，对工作人员上报的数据也不把关不审核就一签了之，工作未完成就虚报数据敷衍应付，缺乏工作执行力和责任担当。”在查明杨某某在住房安全保障工作中存在弄虚作假问题涉嫌违纪后，册亨县纪委监委随即对其进行立案调查。2019 年 12 月，杨某某受到政务警告处分。

册亨县纪委监委督促坡妹镇党委政府举一反三、全面整改。对此，坡妹镇党委政府明确责任到人，细化工作措施，确定工作时限，完成了整改任务。截至目前，2 户农户新建房已改造完工并入住，另一户困难农户已搬进新房，坡妹镇存在的问题全部整改完毕。

（宋　霏）

（本文原载《中国纪检监察》杂志 2020 年第 19 期，收入本书时略有修改）

“一刀切式”落实　为何屡禁难绝

习近平总书记在十九届中央纪委五次全会上强调，要毫不松懈纠治“四风”，坚决防止形式主义、官僚主义滋生蔓延。对标习近平总书记重要讲话，全会工作报告对深化作风建设作出专门部署，明确了以优良党风政风保障“十四五”开好局起好步、推动经济社会高质量发展的方向。落实中央八项规定精神、纠治“四风”工作，要坚决防反弹回潮、防隐形变异、防疲劳厌战。本文聚焦“一刀切式”落实进行剖析报道。

一、遭遇“一刀切”，干部群众深恶痛绝

应对春节返乡，“一封了之”；创建文明城市，“招牌统一”；落实环保治理，“强制关停”……一些地方和部门总是对“一刀切”情有独钟、念念不忘。当前各项政策措施、改革举措密集出台，“一刀切式”落实往往冠以“深入贯彻”“严格落实”的名头，看上去很“实”很“严”很“好”，具有很大的迷惑性，但本质是不能实事求是，在政

策执行中过于粗放，试图用固化的标准取代本应因时因事因地而异的原则。具体说来，有以下几种类型。

一般粗：忽视实际，生搬硬套上级精神

有的地方建厕所不考虑气候条件，在-20℃的户外只能沦为杂物间；有的修建在远离村民居住区的地方，远厕解不了近急；有的村民已搬走10年，却仍在其废弃院落安装新厕……据媒体报道，在推进“厕所革命”过程中，辽宁省沈阳市部分农村由于没有走村入户调研、倾听农民意见，导致5年来政府投入过亿元改建的8万余个厕所弃用超5万个。

一些地方农厕改造不成功，最主要的是没有立足实际。与之类似，有的地方在贯彻落实中央决策部署时，不顾当地社会经济发展状况，一味将上级精神生搬硬套、照搬照抄，搞机械“对标”，上下一般粗，致使政策实施和现实情况脱节，一些政策甚至“水土不服”，损害党和政府形象。

一样重：无论轻重，一样用力并排平推

中部某省一基层干部反映，山东烟台栖霞市笏山金矿事故发生后，当地辖区范围内并没有类似企业，却要求层层召开会议传达学习，组织企业举一反三开展安全生产排查整顿。“外市乃至外省发生一起较大的安全生产事故，上级一般都会要求各级应急管理部门举一反三，对辖区内类似企业开展安全生产排查、查漏补缺，这是一种未雨绸缪的做法，但是没有条件也要创造条件‘把自己摆进去’，就明显过了。”这名干部说。

不管什么问题，都“举一反三”；面对风险隐患，治理整顿强求“一样狠”，干部群众形容这就是“别人生病，让我吃药”。如因为一项活动发生事故，于是其他活动一律叫停；因为一家企业排放不合规不达标，于是干脆所有企业一律停工停产，种种因噎废食、用力过猛之举，看似轰轰烈烈力度大，实际上很可能是刮一阵风、搞一次运动，不仅切断了企业等相关利益主体的生计，还浪费了大量人力物力。

一招鲜：不管条件，简单粗暴一概而论

焚烧冥纸冥币，一禁了之；生产和销售祭祀品，先罚再说……清明节前夕，关于祭祀的“一刀切”政策在个别地区抬头，群众反映强烈。如黑龙江省哈尔滨市城管局发布通知，严打制售冥纸冥币行为，要求做到“无处可买、无纸可烧”，“一把手”不作为将被问责。消息一出，即在网上引发巨大争议。

争议的焦点在于，一边是约定俗成的传统祭扫方式，一边是环境保护、移风易俗的城市治理需求，在二者之间找到平衡，是否只有“堵”这一选项。现实中，有的党员干部接到任务，不分青红皂白、不管客观条件，一律采取程式化、机械化、简单化的工作做法。比如，一说加强管理，就简单地限字当头、念起“禁字诀”；一说重视某方面工作，就祭出“一票否决”的杀手锏。

一起收：罔顾差异，齐步前行统一期限

还没有把何时何地建好新的社区向群众说清楚，就开始拆迁动员；补偿标准不由分说，接受也得接受、不接受也得接受；以影响子女上大学、考公务员等，威胁逼迫“钉子户”尽快拆迁……前段时间，一些地方农村在合村并居工作中通过“齐步走”方式强行推进，简单粗暴的做法和政策初衷相去甚远，被群众称为“总是把好事变成指标和任务”。

这不是个例。一些地方和部门在贯彻落实决策部署时，往往忽略实际情况的差异性，下指标、摊任务，采用统一标准、同一进度、同一方式考评绩效，有时还以统一期限进行“倒逼”。表面看，如此落实“坚决有力、整齐划一”，实际上可能做错了，甚至做坏了，不仅妨碍政策落实落地，还给群众生活添堵添乱。

二、热衷“一刀切”，不想改还是改不了

盘点种种“一刀切”现象背后，有贪图省事用之者，有无可奈何用之者，有急功近利用之者，也有积陋成习用之者。剖析这些人的心理，也就找到了“一刀切式”落实的诱因。

热衷于“一刀切式”落实，一个很重要的原因是其布置起来最简单、落实起来最省事、管理起来最方便，正合那些不顾实际只图省事的“懒汉”干部胃口。一则他们懒得吃透“上头”精神初衷，打着“上面要求”的旗号，不愿消化、细化、实化上级精神和要求，更不想去创新，于是上面“唱一句”、下面“跟一句”；二则他们懒得摸清“下头”实际情况，不花费精力去搞调查研究，不了解群众的困难和需求。无视客观条件的“一刀切”，把肆意妄为的“球”往下面踢，把蛮横粗暴的“锅”往上面甩，只为自己好过，不顾群众难过，是一些干部作风不实的突出表现。

还有的干部怀揣急功近利应付了事的“小九九”，往往只追求“短平快”的显绩，对事关当地百姓福祉的长远潜绩漠不关心，“只要上面认可我就行，老百姓的感受并不在我考虑范围内”。比如，“一刀切”关停污染企业，对于大气污染等指标的恢复可谓立马见效。说到底，还是政绩观出了错，只为“绩”不为效。有基层干部坦言，一切以上级部署为准，自己作中介，不用承担责任，实施效果好坏与自己无关，落实上级部署时唯恐多做多错被追责，唯恐看上去不坚决，唯恐效果不立竿见影。有的不怕创新落实成不了亮点、创不了经验，就怕被解读为“没按上级精神办”“各搞一套”，不如稳为上。

当然，如果把板子全打在基层干部身上，基层干部也是既憋屈又不服气。正所谓“上有官僚主义下有形式主义”，不少“一刀切式”落实其实也是迫于无奈之举。正如一位基层干部所说：“我们对‘一刀切’很反感，可是上头有任务，完不成要挨批评甚至受处分，想完成又没人力、财力、资源，时间上也来不及，所以干脆就‘一刀切’了。”现实情况的确是“上面千条线，下面一根针”，基层人手总共那么多，还面临考核压力，一旦上级管得宽、逼得紧，基层就没工夫、没精力“做细活”。有干部举例说，但凡出了一点纰漏，哪怕形式纰漏，比如督查的企业少签字一家，便会受到严厉苛责。也有的领导机关、领导干部习惯用长官意志发号施令，下去检查督促乐见基层“阵仗大”“动作大”“坚决落实”，如果没按自己的意见办，就是“不讲规矩”，于是下级只能无条件、快节奏抓落实，讨领导喜笑颜开。

有的上级部门只要回声不问实效，一定程度上催生了基层落实的“一刀切”，导致“只求好做，不求做好”现象较为普遍。比如，有的地方“平时不作为、急时乱作为”，后期眼看落实来不及了，就着急忙慌铁腕推进，上级部门考核时对这种完成任务前松后紧的问题睁只眼闭只眼，只要“急药”医了“急病”即可过关，并不管是否有“副作用”。再如，有的上级部门只布置工作，不注意跟进了解落实中的难点、堵点，致使有的政策缺乏反馈渠道，很多干部有意见不敢提，宁可先按政策操作，“出了问题再说”。

尽管比起“干打雷不下雨”的不落实，“一刀切”还算有所作为，对于一些共性、普遍性问题效果尚可，但是距“会作为、善作为”的治理标准还相去甚远，背后暴露的其实是一些党员干部能力不足方法不当。有的领导干部面对新任务、新挑战，老办法不管用、新办法想不出，对上级政策精神把握不到位，索性不消化、不加工，只求看起来“不走样、不变形、不变通”；有的上级部门搞调研蜻蜓点水，作决策闭门造车，“想当然”地提要求，对基层贯彻落实中存在的困难充耳不闻，对干部贯彻落实中的困惑“以其昏昏使人昭昭”；个别部门在制定政策时仅从本部门出发，各自为政，缺乏政策协同，导致不同部门间政策冲突时有发生，让基层不知所措。

三、治理“一刀切”，在“精”和“实”上下功夫

政策要落地，执行需给力。说到底，“一刀切”往往不是显魄力而是逞蛮力，不是有力度而是图省劲，不是真政绩反是真“政疾”。“十四五”时期，大到改革发展，小到民生小事，贯彻落实党中央的各项决策部署，没有现成的“作业”可抄，也不是简单地从“甲”或“乙”中二选一。各级党员干部只有摒弃“一刀切式”落实背后的简单化思维、

粗暴化方法、强硬式手段、官僚化风气，才能让党的好政策不折不扣落地见效。

习近平总书记曾深刻指出："研究问题、制定政策、推进工作，刻舟求剑不行，闭门造车不行，异想天开更不行，必须进行全面深入的调查研究。"现实中的"一刀切"，往往和缺乏调研、脱离实际密切相关。因此，摒弃"一刀切"，关键一招是蹲下去抓起来，避免"拍脑袋决策、拍胸脯保证"的盲动，做深做实调查研究。一方面，科学决策的形成往往需要"几上几下"，党员干部应迈开步子，走出院子，去车间码头，到田间地头，将鲜活的民情印在脑海里，以便作决策时多一些政策温度、针对性。另一方面，即便上级有指示，领导干部也应该充分做好民意调查，充分向群众将政策宣传到位，找出群众心中的"结"、基层工作的"难"，通过建立试点和反馈机制，推动决策部署的修正、调整和完善。在情况明、数字准的基础上，就可以因地制宜、因时制宜、因事制宜，精细化制定实施方案，做到将上级精神和现实情况有效衔接起来。

"一刀切式"落实，表现在下面，根子在上面。事实证明，上级机关勤奋一些，基层落实工作就不会跑偏；上级机关搞"一刀切"，基层就会受到这样那样的困扰，乃至被束缚住手脚。因此，上级对基层，要多帮带少"纸导"，避免"一把尺子量进度"的蛮横。首先要承认基层多样化的客观事实，多站在基层角度换位思考，下指标、派任务要让基层跳一跳能摸着，不要让基层一看通知就“囧”、一听指标就头疼。其次，要坚持问题导向，多关心基层落实起来的实际困难，调整思路和方法，实实在在帮助解决困难。最后，要坚持分类指导。以推进乡村振兴为例，由于交通区位、产业基础等不同，东中西部乡村的发展现状参差不齐，“底子”千差万别，要根据不同发展阶段，制定不同任务和目标。

贯彻落实党中央决策，既要有部署又要有检查，这样才能形成真抓实干、令行禁止的局面。倘若只部署不检查，只吆喝没督查，决策就难以落实。必须抓节点盯结果，避免“只求做了、不求做好”的飘浮。业务主管部门、党委政府督查机构要盯紧细节动态优化，借助明察暗访等手段，全面了解党中央重大决策、重点工作、重要事项的实施进度与成效，及时发现工作中还有哪些不平衡和滞后现象，执行中有无偏离走样甚至南辕北辙的情况，对存在“一刀切式”落实的果断叫停。纪检监察机关要立足“再检查”“再监督”，对“一刀切式”落实、搞形式主义官僚主义的，依纪依法严肃查处。要建立合理的政绩考核评价机制，考察、任用干部不仅听其言，更观其行、察其果，对那些只会颐指气使的“官老爷”，只会甩锅卸责的“二传手”，不仅不能提拔重用，还要予以问责和惩戒。

抓落实不是简单地推着、压着、逼着基层和群众干，而是干部和群众双向互动、充分交流的过程，是上级和下级合力推进的过程，也是政策在实践中不断完善的过程。党中央多次提出“创造性贯彻落实”这一命题，对此，要真容错敢纠错，避免“专挑干活干部打板子”的无理。要留足基层“创造性执行”的空间，时刻关心基层干部的创造创新，鼓励支持干部大胆闯、放手干。要用好容错纠错机制，坚持“三个区分开来”，既给干部的心灵松绑，也给他们的奋斗松绑，不搞问责泛化，最大程度上释放出可用的才智和作为。

（沈　叶　郭妙兰）

（本文原载《中国纪检监察》杂志 2021 年第 8 期，收入本书时略有修改）

把中央纾困惠企的政策落到实处

回想起2020年年初因为疫情原因，公司流动资金几乎耗尽的场景，南京申一仓储有限公司总经理苗杰仍觉得心有余悸，他坦言："幸好后来贷款快速到位，利率低，新区的惠企政策真是又快又好！"

2020年年初，为应对新冠肺炎疫情冲击，中央和地方密集出台了一系列纾困惠企的政策措施，如"加大金融支持力度""减轻中小微企业、个体工商户和困难行业企业税费负担"等，明确要及时有效解决企业面临的"堵点""难点"。苗杰说："中央政策这么好，我们当时翘首期盼这'及时雨'，就怕实施的时候上下一般粗，导致政策落实'悬空'。"

千企千面，如何贯彻落实上级决策部署，减轻企业负担，需要更加细化。经过前期调研，针对企业面临的融资难、融资成本高、审批环节多等共性突出问题，南京市江北新区在全国19个国家级新区中率先出台"惠企16条"，从科技创新支持、产业发展引导、财政金融扶持、企业服务保障等4个方面，与企业共克时艰、共渡难关。在抗击疫情过程中，江北新区充分发挥"基因之城"资源优势，辖区内有 20 多家生物医药企业进行相关研发工作。政策支持和引导新区医药企业对抗疫情，对突破关键技术、促进技术应用、增强产品供给的企业给予 10 万元至 100 万元的奖励资金。

不仅找准“血型”，还得掌握好“输血”方式。“惠企 16 条”发布不久，江北新区纪工委监察工委随即对政策落实情况开展专项督查。了解到由于信息不对称，一些中小微企业、个体工商户对“惠企 16 条”中“落实房租减免”这条举措，存在“不知晓”“不会办”的问题。

江北新区纪工委监察工委及时将调研情况反馈给新区财政局，督促职能部门进一步深化惠企服务。财政局迅速召集江北新区国有企业、管办平台负责人，对企业进行梳理摸排，做到底数清、情况明。同时，对企业房租减免政策进行细化，出台实施细则。以房租减免为例，详细枚举减免主体，分条罗列减免方式，细化减免流程，将减免期限明确到月份，列明减免方式的不同类型，方便企业看得懂，想方设法教企业怎么办。

说起江北新区的惠企政策服务，鼎晖百孚管理合伙人、鼎晖投资董事总经理应伟感触颇深，因为好产业、好服务、好政策加持，他们在 1 个月内投资了 5 家生物医药企业。

（周　青）

（本文原载《中国纪检监察》杂志 2021 年第 8 期，收入本书时略有修改）

警惕层层加码扭曲政策初衷

层层加码，是指每经过一个层次就增加一些砝码，通常指在贯彻落实政策时，罔顾客观实际，逐级增加新的内容或提出新的要求。

党的十八大以来，习近平总书记多次强调，要坚持实事求是的原则。他指出，不要把国家确定的调控目标作为各地经济增长的底线，更不要相互攀比甚至层层加码，要立足提高质量和效益来推动经济持续健康发展，追求实实在在、没有水分的生产总值，追求有效益、有质量、可持续的经济发展。习近平总书记还不止一次提醒要坚决防止脱贫攻坚战中层层加码现象，避免急功近利，提不切实际的目标。

层层加虚招，让基层屡屡“闪腰”

虽然多数人对层层加码现象有一定的认识和感知，但精准识别画像却有一定的难度。盘点种种层层加码现象，可谓花样繁多，导致基层干部不堪重负。识别是为了更好地修正，应当对其清醒认识、认真辨别、有效防控。

最典型的一种是各级要求层层递增，不顾实际频频加码，令人苦不堪言。中部某省一乡镇干部感叹，上级往往忽视基层情况，对工作任务的比例、细节、标准等都进行框定，就连填什么内容、照什么照片都设定条条框框，令人不知所措。有的重点工作台账一级一个模板，一套比一套复杂，到乡镇一级要求的材料项目竟比省一级多出了 10 余项，最终滋生“表格主义”“痕迹主义”，给基层增加了许多不必要的工作量和额外负担。有些部门开会打“提前量”，认为集合越早越容易被表扬，干部群众对此抱怨颇多：上午 10：00 开会，镇里通知村支书 9：30 左右到，村支书通知村干部 9：00 左右到，村干部通知党员代表与村民代表 8：30 到，结果领导迟迟不来，大家心烦意乱，心情可想而知。一名群众气愤地说：“以后通知开会，晚到一个小时就对了！”

标准层层拔高，擅自加压水涨船高。最饱受诟病的是 2021 年春节期间部分地方在执行返乡防疫政策时的做法。“上级政策是持核酸检测证明低风险地区之间自由通行；到了下级就变成了不承认外地检测结果，需入住指定酒店再检测一次；再到下级就变成了全家人居家隔离 14+7 天，测两次核酸……”在生产生活中，还有一种比较常见的现象是把指标层层拔高，不分具体情形，一律要求最全事项、最高标准的顶格管理，最终“高标准”变“超标准”，产生不加分析的“大干快上”和为完成任务的弄虚作假。

时限层层压缩，急于求成步步紧逼。有的在工作部署推进时，无视“五个指头有长短”的现实，机械性地压缩工作周期，层层提速，一律“一年打基础、二年上台阶、三年迈大步”，导致上级原本的“五年计划”到地方变成了“三年规划”，上级部署的“攻坚年活动”到地方上变成了“百日行动”。西部地区某开发区管委会的一位干部诉苦：“计划一年多建成投产的项目，到我们执行时，已经压缩成要半年建成投产。”东部地区某基层干部也深有体会：上级布置的工作，到了地方就有时间差，省里规定三个月期限，市里、县里一压缩，越往下真正用于落实的时间越短，到了乡镇可能连一个月都没有，有时逼得我们刚接到任务，第一件事就是考虑写汇报材料。

许多基层同志对广泛“转嫁”责任状的现象大倒苦水，这也是一种范围层层拓宽，强行摊派大水漫灌的加码问题。中部某省一基层干部举例说，签订承诺书成了上级的免责“挡箭牌”，如在防汛防火等安全工作中，上级要求下级签订承诺书将责任和风险进行转嫁，甚至发展为事事签、层层签、人人签，并以此作为履职尽责依据。有的对“满天飞”的任务叫苦不迭，明明和专项工作没有实质关联，个别部门也要参照一下，要求乡镇（街道）提供资料或者开展检查。2020 年 7 月，某省人力资源和社会保障厅在推广“云就业”小程序中急于求成，分配给各市的注册数量远超过当地重点人群数量，并将注册任务与目标任务考核、资金分配挂钩。压力之下，部分地方层层摊派注册任务，分解到街道、乡镇，甚至中小学校、幼儿园这些毫不相干的单位，加重基层干部负担，造成不良社会影响。

在具体实践中，不论是被动或者主动的层层加码，都是在方案、指标、数量和形式等方面搞一些花拳绣腿、表面文章，其本质都是置当地的客观事实于不顾，置经济社会发展的规律于不顾，置人民群众的实际需求于不顾，重眼前忘长远，重自我忘人民，重虚功忘根本，结果是欲速则不达，发展之路越走越窄。

演给上级看，让好政策走了样

在现实条件允许的情况下，自加压力，适度打一点“提前量”，确实是工作积极主动的表现，值得肯定。在非常规条件下，出于救急、应急考虑，临时增加一点“变量”，以保障人民群众生命财产安全，也无可非议。但如果思想上目的不纯，行动上脱离实际，用力上过重过猛，则会让好政策走了样、没了谱，使政策执行陷入“恶性循环链”中。

用层层加码的方式把应负之责、应担之任一推了之，实则是推卸责任、甩锅于人。何以至此？一是层层加码显得更有“推进力度”，彰显每一层级的“立场”“决心”；二是层层加码能为上级部门减压减负，进行有效的风险转嫁和责任转移，避免出了问题首先成为众矢之的。某基层干部说，一项工作落到有些领导干部身上，首先想的是分解给下级，“他的工作就是分解，把所有问题都划分切割给基层，把本级应该履行的责任推卸得干干净净”。诚然，压力层层传导，本是贯彻落实各项工作部署的重要方式，但在推进工作过程中，传导压力绝非是大搞责任下放、权力保留，当甩手掌柜、二传手。“压力层层传导”异化为“压力层层加码”，让基层干部承担了过多与其职权不相匹配的责任，“一两个人干事、七八个人检查”更让基层干部心存畏惧、自束手脚，以至于有了“干事创新有风险、不如不干保平安”的怨气话。

有基层干部用调侃的话讽刺：机关压基层，层层加码，看似“码”到成功；基层哄机关，层层注水，假装“水”到渠成。有基层干部直言，“加码是博政绩的手段。上级下指标，要求下级完成5项，下级抬高指标完成了8项，落实得越快，越能得到表扬。”层层加码的问题出在个人主义和只对上负责，一先看自己得不得利，二看工作好不好做，三看领导关不关注，四看有没有风险，而完全不去想群众满不满意。东部某省一纪检干部认为，“一味追求纸面数据上的攀比，容易形成内卷，以数字论成效”。这种“假大空”的政策落实，习惯性将小目标加码成大战略，强制基层“用一根针造出金箍棒”，导致过犹不及，与既定初衷和目标擦肩而过、背道而驰，影响全局和整体工作推进。到最后，还是以牺牲群众利益和地方经济社会发展为代价，看似成绩斐然，实则贻害无穷。

审视种种层层加码现象，其背后隐藏的是机械化的考核“指挥棒”。有些部门喜欢量化考核，一些很难量化的工作也要变着法子量化，列出时间表、路线图，“过分追求量化导致教条化”，看似深入贯彻，实则生搬硬套。某基层干部把问题看得真切、点得到位，“别小看这些带着‘规范化、标准化’帽子下来的工作，将来都要对着条条框框一项项对标。别管上面抓的对不对，接不接地气，只要把表填好、材料写好，就能过关”。把一个整体性、有机性、统一性、协调性的工作，撕碎了又撕碎、掰开了再掰开，反复折腾、不断“空加空”，只会折磨人，反而没把好钢、好气力用到正事上去。上级蒙着眼安排，下级闭着眼交差，最终事倍功半，上下都叫苦连连、互相埋怨。

好大喜功的盲目跟风，自行加压、拔高标准、压缩时间，甚至违反正常规律的“超常”发挥，种种雷厉风行的举措，既有为了向上级邀功，通过跟风讨好从而获益的冲动，也有路径依赖的思维驱动。一基层干部解释说，上级明知下级完不成，故意通过加码任务，在下一级实现“取长补短”“取多补少”的平衡，确保本级指标完成。盲目跟风和放大效应只能结出机械落实的恶果，造成基层以形式主义应付官僚主义的恶劣局面。此外，敷衍应付也损害了上级决策的权威性和严肃性，长此以往，下级谁还把上级要求真当回事，谁还把群众冷暖记挂心头。

别让实际工作因层层加码乱了码

我们党历来反对罔顾实际的层层加码。早在 1961 年 1 月 18 日，毛泽东同志就针对社会主义建设中表现出来的层层加码、摊大盘子等现象明确提出："决不要层层加码，中央是一个盘子，到省、市又是一个盘子，到地、县又是一个盘子，到群众又是一个盘子，层层加码。总而言之要实事求是。"这就为我们开出"实干之花"、结出"实效之果"指出了破解之道：实事求是。

要出实招，坚决避免工作浮于表面。党的十八大以来，中央非常注重顶层设计，在部署工作时尊重科学、尊重规律，确定目标讲究实际、适时适度。这就要求各地在落实工作时决不能脱离实际。一方面，工作要实，结合本单位部门实际，吃透"上头"精神，一是一、二是二，实现党中央精神到实际工作的有效转化。如在部署工作过程中，根据不同情况区别对待、分等级考核，创造性地开展工作，把上级要求与本地实情融为一体。另一方面，作风要实，走形更走心，将对上负责和对下负责统一起来，把群众满意不满意作为根本标准，勇于啃下硬骨头、接好烫手山芋，确保措施上合政策、下接地气。各级在抓落实的过程中，要时不时回看结果问初心，时时回到政策初衷这一原点，看工作有没有实现政策制定时的目标，有没有取得应有的实效。

要真干事，坚决避免把形式当成绩。一级有一级的任务，一层有一层的责任。首先，干事创业不可任性妄为，上级机关、领导干部要审慎用权，勇担重责，不能随心所欲地把责任转移、把任务转嫁、把标准拔高。其次，要以身作则、以上率下，行动先于基层，标准高于基层，要求严于基层，这才是大兴实干之风的正确姿势。在“加码”之前，上级机关、领导干部不妨先把自己摆进去：凡是要求党员做到的，领导干部必须首先做到；凡是要求下级做到的，上级必须首先做到；凡是要求别人做到的，自己必须首先做到。最后，要主动清理层层加码事项，看是否给下级带来不合理的负担，明确清理范围、清理主体、清理步骤、清理要求，解决在责任书签订、留痕管理、督查检查和目标考核等领域的层层加码乱象，对这些问题果断叫停，切实为基层减负，真正把基层干部从形式主义、官僚主义桎梏中解脱出来。

要深探求，坚决避免拍脑袋瞎指挥。没有调查，没有发言权。上级机关、领导干部在政策制定时要加强调查研究力度，不论是政策目标还是执行举措，都要符合本地区、本部门、本单位的实际情况，这也是破解层层加码问题的根本之策。比如向乡镇部署传达任务时，应当按照乡镇的面积、人口、财政等状况区别对待，严之有度、抓之有力。用好反馈机制，在政策执行过程中设置合理的缓冲期，为执行留有必要的准备时间，及时了解基层实际情况和困难不断调整完善，不能等到具体问题暴露出来再紧急处理，推动工作安排部署科学化，做到有效沟通、良性互动。

要把握规律，坚决避免胡干蛮干。一要把握整体规律，在确保党中央确立的政策不走样不变形的同时，鼓励各地积极主动地开展工作，做好整体融合工作；科学处理中央与地方、潜绩与显绩、对上负责与对下负责等重要关系，真正落实中央决策部署，促进地方长远发展。二要做好统筹协调，先摸清底数，把既有的政策数一数，当前的机制顺一顺，现有的工作理一理，根据自己的条件瞄准上级要求，判明形势、统筹规划，整合资源、突出重点，理清思路、强化责任，抓好政策兑现落地工作，部署的任务要力争让下级“踮踮脚、够得着”，决不做自以为领导满意却让群众失望的蠢事。三要给考核插上科技的翅膀，贯彻落实国家大数据战略，及时借助数字产业及产业数字化的实践成果，推进信息资源整合共享，实现“数聚赋能”，让信息数据多来，人少去、腿少跑，让考核真正切合实际、科学合理。

（郭妙兰）

（本文原载《中国纪检监察》杂志 2021 年第 15 期，收入本书时略有修改）

清理层层加码　切实为基层减负

“督查检查 3 项不予保留，留痕管理 2 项不予保留，目标考核 5 项不予保留，一票否决 4 项不予保留，责任书 8 项不予保留，招投标 3 项不予保留，追责问责 2 项不予保留……”近期，在四川省雅安市天全县持续开展的“彻底清理层层加码、坚决真切为基层减负”专项清理行动中，天全县清理加码事项 47 项。

面对层层加码，基层干部既深受其害，也深恶痛绝。有基层干部反映，“市里的专项检查计划开展时间为 7 月左右，可到了县里却又增加了个第四季度督查”。更有基层干部大倒苦水：“安全生产、环境保护等各个方面的责任状桌上一大把，说是为了更好地落实工作‘压力层层传导’，其实大部分是‘责任层层加码’，为的是出现问题时有个证据，相关领导脱责有个‘替罪羊’。”层层加码让对工作付出大量心血的干部气馁，成为基层干部的心病。

为解决这一问题，从 2020 年起，按照雅安市统一部署，天全县开展了专项清理行动，重点清理党的十八大以来，除中央、省明确规定和要求外，市县级部门自行规定的加码事项，如留痕管理、督查检查、目标考核、一票否决、责任书签订等。

“按道理，基层干部对专项清理应该是非常支持的，然而专项清理行动刚开始却在基层‘遇冷’，专项清理行动开展了4个月，全县仅清理出了3项层层加码事项，这个结果还是让人有些惊讶。”天全县纪委监委党风政风监督室负责人李正琨说。

调研发现，一方面，基层干部对专项清理工作持怀疑态度，认为减负天天喊，真正落到实处的有多少。另一方面，专项行动清理工作耗费大量时间，清理单位对清理工作有疑问，需要及时指导，而且各部门联合发文的牵头单位并没真正牵起头来清理。

为此，天全县专项清理行动领导小组及时召开清理工作推进会2次，明确清理范围、清理主体、清理步骤、清理要求，定期通报清理结果。专项行动分为集中清理、分类审批、发布公告3个阶段。县级部门首先按照清理范围和要求，逐件进行清理，提出清理意见；清理意见经单位党组（党委）会议集体审议，代县委、县政府起草的文件由代拟稿起草部门向县委、县政府提出清理意见建议，并按程序审批；经审议审批决定取消的加码事项，根据职权发布清理公告，取消一个发布一个。

在前期工作的基础上，截至目前，全县共计梳理文件

13524件，按照“招投标政策、干部人事政策、责任书签订、留痕管理、督查检查、目标考核、一票否决、追责问责和其他”分门别类，与上级文件予以对照，查看是否存在加码现象。县委办、县政府办将清理加码专项行动纳入督查范围，根据每月清理工作开展情况，对进展不理想的进行督查，查找原因，提出有针对性的意见建议20余条，有效推动清理行动开展。

领导小组办公室主动和乡（镇）、部门（单位）取得联系，加强信息沟通，指导开展清理工作150余次，解决有争议、有分歧的问题5个，村级挂牌就是其中的一个典型问题。部分县级部门（单位）以考核要求的名义，在村级组织活动阵地挂牌，增加了基层负担。县清理行动办公室要求挂牌的部门（单位）必须提供依据，对中央、省委没有明确文件规定的挂牌全部取缔。

随着专项行动的逐步深入，成效逐渐显现。涉及留痕管理、一票否决、层层签订责任书等内容的34项予以取消，按上级相关文件规定和工作需要保留并修订的共计13项依法面向社会及时公开。减负以前，《关于印发招投标文件会审制度的通知》要求招投标文件实行会审。清理行动领导小组对中央、省、市相关文件进行研判，确定“对招投标文件实行会审”属于加码内容。最终，县发展和改革局取消了这一事项。

县纪委监委将层层加码清理工作作为监督检查重要内容，不断规范督查、检查、考核层层加码事项，为基层松绑减负，让基层将精力用在实干上。同时，县纪委监委完善相关机制建设，鼓励广大干部敢于担当作为，真正让容错纠错机制落地，为基层干部干事创业撑腰鼓劲。截至目前，县纪委监委对 2 起不实举报进行了澄清证明，对 1 名干部采用容错纠错机制。

一些此前怀有顾虑的干部，对专项行动带来的“瘦身”转变，也有了切实的感受。仁义镇六城村党总支副书记李元惠，既是村干部也是六城村的致富带头人。她说：“之前，我们要报的图片资料和各种表册相当多，导致到村民家中开展工作的时间少，却还要收集一些照片留痕用。村民觉得我们是来作秀的。减负之后，我腾出了更多的时间和精力深入到农户家中解决实际困难。”

（周维维）

（本文原载《中国纪检监察》杂志 2021 年第 15 期，收入本书时略有修改）

搞特权的表象与危害

党的十八大以来，习近平总书记多次强调，要坚决反对特权思想、特权现象。“各级领导干部要带头遵守党纪国法，自觉反对特权思想、特权现象，带头廉洁治家，从严管好家属子女和身边工作人员。”所谓特权，就是凌驾于法律、制度规定之上的特殊权利，是“四风”和腐败问题产生的病灶源头。结合近年来查处的典型案例和基层情况反映，我们给特权干部画画像，透过现象分析其本质和危害，提出治理的建议与对策。

表象之一　关门当老大，炫“特殊身份”

对下级颐指气使。有的干部把党和国家赋予的权力当作自己的“杀威棒”，对下权势熏天、以权压人，简直成了“土皇帝”。贵州省毕节市大方县自然资源局原局长黄某某在单位食堂中，必须由其先行打饭后，其他干部职工方可用餐。

对群众爱答不理。有的干部自认为高人一等，不仅不愿和群众打交道，对群众的冷暖利益少有关心，还粗暴无礼、冷硬横推，根本不把群众当回事。如吉林省长春市南关区教育局某副局长怒斥就“划片入学”问题来访的群众“听不懂话”，连续用挑衅的话语反问群众，还扬言要记下发言群众所在的小区。

到基层倨傲摆谱。有的干部下基层调研考察时，层层陪同、前呼后拥，出行要人拎包，下雨要人打伞，甚至还要警车开道，俨然一副唯我独尊的架势。

点评

这类干部缺乏对下属和群众最基本的尊重，更谈不上有感情，习惯被众星捧月、不屑与百姓为伍，把公权当特权，把“公仆”当“主人”，对群众不仅没有敬畏感，反而有种鄙夷感。“烟火气”淡、“衙门味”浓的结果，必然是与群众离心离德，严重影响党员干部形象，损害党的执政基础。

表象之二　个人说了算，行“特殊权能”

决策“一言堂”。有的干部官气十足、用权任性，在重大决策中听不进不同意见，动辄给人扣上一顶“不讲政治”的帽子，把民主集中制原则丢在了一边。宁夏回族自治区供销合作社联合社理事会原主任秦某某 4 年不召开会议集体研究重大决策事项，对别人的意见不是反感叫停，就是呵斥批评，最终造成供销社资产巨额损失。

用人“一句话”。有的干部任人唯亲、排除异己，滥用干部人事推荐权、决定权，通过“暗箱操作”将亲信安插到实权部门、重要岗位，搞“小圈子”；还有的一手遮天，对持不同意见的干部公然打击报复。山西省水利厅原厅长潘某某多次利用职权干预人事调整，使水利系统成了“自家后院”。

权力“一把抓”。有的干部大权独揽、小权不放，不论大事小事都一个人说了算，更有甚者利用财务报销审批权，把公款当“私钱”，随意挥霍公款、侵占公物。李某某在担任江西省江铜集团“一把手”期间，利用职务便利指使下属采取虚列账目等手段非法占有公共财物268万余元。

点评

这类干部信奉“我的地盘我做主”，把本应履职尽责的政治“责任田”当作了个人的“一亩三分地”，公然违反“三重一大”集体决策制度，破坏民主集中制。“一把手”变成“一霸手”、“群言堂”变成“一言堂”，任性用权、独断专行，长此以往，决策的科学性、正确性无从谈起，对一个单位、一个地区的政治生态也会产生恶劣影响。

表象之三　见利就伸手，谋“特殊利益”

大搞“靠山吃山”。有的行业中个别干部“近水楼台先得月”，把公家“养分”输入自己“血管”。茅台集团原党委副书记、董事长袁某某案发生后，贵州省纪委监委以重大案件为突破口深挖彻查，严肃查处了茅台集团原总经理刘某某、原副总经理高某某、茅台酒销售公司原董事长王某某等一批“靠酒吃酒”的“酒蠹”。

常谋“内部运作”。有的利用手中掌握的经营管理、规则制定、信息披露等权力，将公共权力部门化，部门权力私有化；有的利用职权违规借贷、违规持股、低价购房，企图掩盖受贿之实。河南省洛阳市瀍河区原副县级干部马某某利用职务之便，为某汽车销售公司实际控制人秦某提供了帮助。除直接收受秦某所送财物外，还另辟蹊径，以高额利率出借资金给秦某使用，从中谋取暴利。

见利“眼开伸手”。有的领导干部利用职权或影响力，直接或间接干预工程建设、政府采购、产权交易等公共项目，或精准设置层层关卡“内定”中标企业，或违规审批从中收取好处费，或插手采购环节吃回扣。如湖南省沅江市国土资源局原局长龚某某在旱改水项目中，违规为他人打造“私人订制”版招投标资格，从中大肆敛财。

点评

此类特权是公权力干预下的不正当竞争，是对市场规则、社会公平的公然挑战，本质仍是以权谋私。当权与利深度捆绑，“内行”演变为“内鬼”，权力异化为谋利的工具，必然严重破坏市场秩序。试想，如果有背景的轻轻松松获利，没背景的再有本事也无法出头，哪还有社会公平正义可言，群众的获得感又从何而来？

表象之四　有福我来享，享“特殊待遇”

舌尖上“奢靡浪费”。有的领导干部仍然管不住嘴，公开不吃暗地吃、不吃本级吃下级、不吃公款吃老板、虚构“凭证”违规吃；还有的“点一桌剩半桌”“吃一半倒一半”，挥霍浪费、铺张奢侈。更有甚者，如黄某某在担任四川唐家河旅游开发有限公司董事长期间，要求下属管理单位食堂厨师为其个人“开小灶”，单独准备午餐，费用由下属单位支付。

车轮下“腐败歪风”。有的把公车当成身份的象征，追求坐好车、坐豪车，超规格配备公车；有的把公车当成专车，无论公事私事一律公车伺候；有的开私家车揩“公家油”，甚至将加油卡变异为购物卡。如内蒙古自治区包头市政协原主席张某某多次指使其司机驾驶单位公务用车在非工作时间办私事，接送自己参加同学、朋友聚餐。

公务中“特殊享受”。有的违规装修办公用房、超面积使用办公室和配置高档办公用品；有的随意配备秘书、警卫；有的出行要排面，飞机必须头等舱，高铁得要商务座。

办事走“特殊通道”。有的遇事习惯于找关系、走捷径、窜后门，觉得自己好歹是个领导，打个招呼，制度规定就可以全然不顾。像某街道办副主任在疫情期间，遇到进出小区登记这样的小事，竟然也想着给社区书记打电话谋求方便。

点评

“尺蚓穿堤，能漂一邑。”这些领导干部在外来的诱惑中甘于沉沦，价值观逐渐扭曲，欲随权长、贪得无厌，进而肆无忌惮地违纪违法，最终滑入犯罪的泥潭难以自拔。同时，更助长社会上的铺张浪费、贪图享受之风，给社会风气带来不良的影响。

表象之五　鸡犬也升天，受“特殊照顾”

行“一家两制”。有的利用权力或影响力，搞“前门当官，后门开店”，帮助亲属在经商办企业中取得特殊“竞争优势”；有的以家人名义经商办企业，搞利益输送。如湖南省常德市城市建设投资集团有限公司原董事长赵某某在任职期间，其配偶、子女出资150万元入股与市城市建设投资集团有限公司有业务关系的某影城公司，5年左右的时间里获利245.8万元。

搞“封妻荫子”。有的利用职权便利和职务影响，为亲属在入学、就业、提拔、办事等方面拉关系、走后门。北京新兴畜牧产品公司原经理秦某某利用职权、人情关系，让其妻子辗转多家镇集体企业“吃空饷”，9年多来不用上班却照领工资40余万元。有的纵容亲属利用其身份擅权干政，谋取利益，逐步形成以领导干部为中心、以水波涟漪的方式逐步扩散的关系网、利益链和腐败圈。

炫“权力富贵”。有的干部亲属心存优越感，仰仗干部的权力嚣张跋扈、不可一世，有的人更是为了满足虚荣心，故意炫富、炫权，唯恐他人注意不到。如四川省广安市委原副书记严某某的前妻得知女儿在幼儿园打了小朋友将被老师惩罚后，不是向被打幼儿的家长道歉，而是在家长群中抬出“严书记”以官压人，要求老师给女儿道歉，透着浓重的优越感和霸道劲儿，引发其他家长强烈反感。

点评

“腐败父子兵”“捞钱夫妻店”……从近年来查处的违

纪违法案件看，一些腐化堕落的领导干部身后，往往伴随着家教不严、家风不正。他们不仅自身搞特权，还纵容亲属、“身边人”沾特权的光、贪特权的利，相互影响、恶性循环，由此催生形形色色的“裙带腐败”“衙内腐败”，严重侵害人民群众利益，肆意践踏社会公平正义。

是什么让特权干部横行无忌

三令五申之下，为何依然有人“特权开道”？其背后既有历史文化、体制机制等客观方面的原因，也有思想、心理等主观方面的问题。

从根本上讲，特权现象之所以出现，是权力观出了问题。在以自我为中心的价值观指导下，耍特权的干部忘了权力来自人民就要为人民服务，反而认为权力是靠自己奋斗争取来的，将权力视为自己的“一亩三分地”。还有的干部奉行功利主义，做事考虑的是如何实现自身利益的最大化。更有甚者为了实现个人利益不惜损害人民群众的利益，把自身所处的地位和掌握的权力变为发财的“孵化器”、贪腐的“助推器”。

爱慕虚荣、炫耀威风，是特权产生的心理原因。一是居功心理使然，一些干部太把自己当回事，认为自己劳苦功高，搞点特殊也是理所应当，吃点、喝点、用点、占点不算什么。二是享乐心理作怪，信奉“人生在世，享乐二字”，对奢靡之风趋之若骛，沉湎花天酒地，热衷灯红酒绿，把公权力变成追求享乐的工具。三是“酸葡萄”心理作祟，某基层干部反映，“有的领导干部没掌权的时候厌恶特权，对要特权的人嗤之以鼻，但没想到他一旦掌权，却也靠着特权摆架子”。

腐朽的特权文化，是特权产生的社会原因。一方面，“官本位”的封建思想作怪，某些干部深受荼毒，把当官作为光宗耀祖的资本、实现人生价值的标志，满脑子充斥着“手中有权、地位显赫，就该高人一等”的想法。另一方面，“尊卑有序”的落后观念作祟，某些干部仍然存有根深蒂固的等级观念，对上“谄媚讨好”、对下“骄横无礼”，只要上级喜欢的不论对错都坚决满足，助推了特权干部的气焰。再者，还与中国传统文化中的“人情文化”“面子文化”有关，某些人仍习惯办事“找熟人”“找关系”，而不是依规循法做事，从而催生特权意识。

不到位的监督，也是特权产生的原因之一。当前，某些领导干部特别是“一把手”权力高度集中，有的主动接受监督意识差，在推动工作的过程中集权揽权、任性用权，造成权力失控。在实际工作中，“上级监督远、同级监督弱、下级监督难”的问题依然存在，监督刚性不足、制度执行不力，影响了监督实效，权力破窗破圈现象时有发生。

狠刹特权歪风，让人民群众感受到公平正义

“除了法律和政策规定范围内的个人利益和工作职权以外，所有共产党员都不得谋求任何私利和特权。”这是党章对全体党员的明确要求，也是我们党一贯的政治主张。祛除党员干部身上的特权病毒，既要从思想教育入手，将搞特权之念扼杀在摇篮中，也要在完善制度、强化监督、深化改革上发力，打出遏制特权现象和特权行为的“组合拳”。

做实教育，筑牢反对特权的思想防线。从正面引领上发力，结合党史学习教育，打通线上线下，通过红色家书诵读、参观革命纪念馆、重走红军路、情景再现等“沉浸式”“体验式”学习，引导党员干部“见贤思齐”，经常重温老一辈共产党人清正廉洁、不搞特殊化的政治本色，做到将“我”字看小、把“民”字放大，把谋求特权和私利看成是耻辱，做到知荣辱。从反面警示上深化，加大对领导干部要特权问题的通报曝光力度，引导党员干部“见不贤而内自省”，经常检视自己是否有底气面对群众和舆论的“凝视”，做到常自省。从弘扬家风上拓展，督促领导干部加强自我管理和对“身边人”的约束，经常回头看一看“身边人”，出现重大问题要第一时间报告；教育家属与权不亲、与贵不攀、与富不比，在领导干部面临诱惑时及时“拉一把”而不是“推一把”，做到管好家。

反对特权必须强化制度约束，真正把权力关进制度的笼子里。首先，要定好制度，制定制度要“实”，针对容易发生越权、滥用职权问题的风险点，研究制定具体管用、切实可行的规范措施，使权力难以任性。制定制度要“细”，针对存在模糊地带、监管盲区、执行漏洞的事项出台细则，防止“牛栏关猫”，如规范领导干部配偶、子女及其配偶经商办企业行为，要细化规范程序，明确操作依据，确保规范工作有序进行。还要警惕少数人打着制度建设的旗号，故意曲解党中央的政策规定、纪律要求以及纠治“四风”的初衷。其次，要执行好制度，聚焦关键人，认真贯彻《中共中央关于加强对“一把手”和领导班子监督的意见》，落实党组织自上而下监督系列措施，上级“一把手”要通过与本人谈、与干部群众谈、与其他班子成员谈，多了解下级“一把手”日常的思想、工作、生活状况，对吃喝讲究、言行专横等苗头性倾向性问题及时咬耳扯袖。聚焦重点事，把“三重一大”事项集体决策制度执行情况作为日常监督、巡视巡察、审计监督的着力点，注重发现问题、形成震慑。采取多渠道，重视发挥社会监督作用，通过随手拍、微信“一键举报”等形式畅通群众监督、舆论监督渠道，对反映的问题及时查处并反馈结果，让特权现象无处遁形。

消除特权现象和特权行为，关键要深化改革，扫除“潜规则”、清除“空白点”。加快政府职能转变，深化简政放权、放管结合，实行政府权责清单制度，为权责划定清晰界限，减少权力寻租空间。构建亲清政商关系，细化领导干部与企业主交往行为规范，加大对行贿、“围猎”的企业主的惩处力度，确保政商交往有原则、有界限、有规矩，为权力运行营造清净环境。健全政务公开机制，除依法应当保密的事项外，“三重一大”事项、决策依据、决策结果等都应以多种形式、在适当范围公开，更好保障干部群众的知情权、参与权、监督权，让阳光照进每个角落，让阴暗无处藏身。

（沈　叶　侯逸宁　朱丹萍）

（本文原载《中国纪检监察》杂志 2021 年第 17 期，收入本书时略有修改）

用特权来变现　路子走不通了

“早就知道‘当官发财本该两道’，为什么还是想尽办法赚钱，不惜以身试法……可世上哪有后悔药，做了就是做了，错了就是错了。”浙江省义乌市原卫生和计划生育委员会党委书记、主任傅某某在忏悔书里写道。2021 年年初，因涉嫌严重违纪违法，傅某某被义乌市纪委监委立案审查调查。

2014 年年底，傅某某担任该市卫计委“一把手”。随着职务的升迁，他逐渐迷失方向，特权思想开始生根发芽。在决策时习惯性认为自己都是对的，排斥与自己意见相左的声音，有时还喜欢搞“一言堂”，在涉及人事提拔、项目合作等“三重一大”事项时，傅某某多次违反议事规则，率先定调发言。

此外，随着权力的扩张，傅某某开始不满足于仅靠工资维持的生活水平，开启了更加“高阶”的理财。一些企业老板摸到傅某某的心理，也都想方设法与他接触，帮他“赚钱”。

2015 年 7 月，傅某某退休在家的妻子金某某开了一家健康咨询服务公司，当起了保健品推销员。用意很明显，可以利用丈夫在卫生系统的影响力，多多推销产品。“宠妻”的傅某某非但没有制止，反而以直接参与、暗示等方式，向自己的部分管理服务对象、下属推销妻子所售产品。

前门当官，后门开店。“一把手”夫人的店，生意相当兴隆，倒不是经营有道、价格公道，说到底，还是靠傅某某的公权力给撑着。傅某某自己也坦承，“一些投机分子和不法商人，打听到我妻子店面的所在地，甚至主动前往参加活动，以博得我的好感和认可。”“夫妻店”成了特权变现的“便利店”。

随着夫妻俩赚钱的胃口越来越大，2018 年下半年，金某某跑到宁海县，摇身一变成了某国际财神谷项目的业务员，开始对外推销动辄几十万元、上百万元的财神谷股权及相关产品。

2019 年 1 月，金某某为了冲业绩，又让傅某某出面帮她。傅某某就约请老板朱某某等人前往某国际财神谷项目参观并推荐该项目产品。“主要是看在傅某某的面子上，不好意思拒绝，也为了进一步搞好关系，并不是真的想投资。”朱某某当场就认购了该项目 199.8 万元的股权。

妻子开店、公权站台，傅某某的小算盘不可谓打得不精，但他却算错了人生这笔大账。“夫妻店”终于东窗事发——2021 年 6 月，傅某某因默许、纵容配偶利用其职权谋取私利以及涉嫌其他违法犯罪行为，被依法移送司法机关。

“傅某某案是典型的靠山吃山、以权谋私、‘一家两制’式腐败案件，在此类案件中，依仗领导干部的特权和影响力，其亲属通过经商办企业谋取利益，领导干部或是当‘影子’老板，或是与亲属演‘双簧’，利用职权授意管理服务对象及下属，‘照顾’生意，共同敛财。”义乌市纪委监委有关负责人表示。

为从源头上杜绝领导干部利用特权谋取不正当利益，义乌市委制定了《关于规范党员及国家公职人员“一家两制”管理的暂行办法》，以全市党员、公职人员为监管对象，提出不得违背职务廉洁性和市场公平性谋取不正当利益的“7个不准”和不得利益输送的“11个不准”，对利益冲突以最严标准规范、纠正。

浙江省金华市委在防范“利益冲突”的内容上，又增加了“清理违规借贷、违规持股、低价购房”三项，合称为“三清理一规范”专项行动，实现市管干部、乡科级干部和普通党员干部各级层面的自主申报及排查全覆盖。申报内容及核查结果在单位内部公示，并定期进行年度核查。对核查中发现的违反相关规定的党员干部，由相关部门视情形及时处理。

自专项行动开展以来，金华市纪委监委共对涉及违规违纪的党员干部提醒谈话660人，批评教育或责令检查269

人、实施诫勉 74 人、组织处理 27 人，党纪政务立案 110 人。

“特权是滋生违纪违法行为的土壤，跨出一步就可能触犯党纪国法。‘三清理一规范’专项行动就是为那些幻想靠打‘擦边球’将特权当发财树的人提前套上‘紧箍咒’，提醒他们及时悬崖勒马。而对于那些违纪违法的党员干部，一经发现，一律从严从重处理，堵死党员干部利用亲属经商办企业的身份作掩护、用特权换收入的‘路子’。”金华市纪委监委有关负责人表示。

（王忠明　黄静雯）

（本文原载《中国纪检监察》杂志 2021 年第 17 期，收入本书时略有修改）

警惕“象牙塔”里的官僚主义

2021年9月，十九届中央第七轮巡视向教育部党组和31所中管高校党委进行巡视反馈，其中一半以上高校被指存在不同程度官僚主义问题。与党政机关相比，“象牙塔”里的官僚主义既有相似性，又有独特性，还有隐蔽性，带坏校风、师风和学风，危害不容小觑。

现象一　“官气”十足，衙门做派

有些高校行政机构效率低下，部分行政干部颐指气使，把校园变“衙门”。有的师生在去盖章签字时，遇到“门难进、脸难看、事难办”。华北某高校学生说，学校教务老师一周只有半天时间对学生办理业务，遇到急事只能“干着急”。有的高校办事流程繁杂，一些事务性工作需要职能部门盖好几个章，有学生为补办学生证到不同部门来回跑10趟。

行政权力掌握资源分配，导致一些教职人员追逐“官职”，有人为此还大费周章。如内蒙古某大学一名教研室主任为竞聘校处级干部，竟然向时任学校党委书记行贿。在一些学术资源有限的高校，经费审批权大多集中在校领导手中，行政领导往往在经费划拨、项目申请、入选各类人才计划等方面起决定性作用。某高校理工科院系一名副教授表示，普通教授也许拿项目不容易，可如果有了行政职务，情况可能就不一样了。

还有一些人官学一体，美其名曰“双肩挑”，实则“两头吃”。有的一边占据领导干部位置，一边又经常以学者身份外出参加学术活动等，既头顶领导光环参与学术资源分配，与普通教师争利，又利用领导身份排挤学术竞争对手，引发干群矛盾。

现象二　门户林立，“近亲繁殖”

以同门情谊打造利益圈子的现象在一些高校不时存在。有的学科所谓“大佬”徒子徒孙遍地，以师生、同门为纽带互相提携，形成封闭的“圈子”。一些重大科研基金、重要科技奖项和人才项目评审深受“大佬”及背后“圈子”影响。有的高校在招收研究生时执行“双重标准”，对外校报考者从严从难，对本校本院系报考者青睐有加。“圈子”不加约束，就会演变成派系，派系之间不单是学术上的分歧，还有行政权力和项目利益上的争夺。某高校一名研究生介绍，自己所在学院人数不多却存在好几个由不同教授为首的派系。如果派系间相互争斗，互不买账，对学科建设和学校发展都会带来不小的伤害。

在年轻学生话语中，课题组内“大老板”“小老板”称呼不时出现，有的“大导”掌控一切，以家长作风扭曲学术传承。一些学术权威掌控学术话语权，在一个门派中不允许有不同于“师傅”的左见，打压排挤不同学术观点的人。个别人还把学生视为附属品、免费劳动力，学生不仅在实验室里加班加点帮导师做课题项目，还要频繁打杂、跑腿干一些与学术研究无关的事情。更有甚者以通过论文、顺利毕业等条件来要挟学生，搞学术霸凌。

以靠校吃校进行利益交换，是“近亲繁殖”的另一种形式。有的高校领导干部和教职工想方设法把配偶子女等亲属安排进高校圈子工作。近年来，北京在巡视市管高校时就发现有的高校“干部人选个别酝酿沟通不够，领导干部违规兼职、返聘，夫妻、亲属在学校任职现象比较突出”。有的高校教职工互相请托关照亲朋子女。西南省份某高校教务科长就因私下接受同事请托，为其女在缓考中弄虚作假，提高研究生推荐免试课程成绩，最终被严肃查处。

现象三　不务正业，攀附结交

对于高校教师来说，潜心治学应是本务，一些人却为争项目经费削尖脑袋。跑项目、要经费的时间多了，潜心研究、教书育人的时间就少了；找门路、搞经费的时间多了，躬身研究、与学生在一起的时间就少了。有的甚至在项目到手后立马分包给课题组的年轻老师或学生，自己动嘴不动手，出钱不出力，成为“学术包工头”，把师生间“授”与“学”的关系异化为老板与员工的雇佣关系。

常言道“板凳甘坐十年冷”，一些重大科技创新成果往往会耗费科学家毕生的心血。但是个别高校老师却沉不下心、静不下气，忙交际应酬无暇教研。比如，有的不重教学重创收，频繁外出授课、演讲、做兼职，只想把高额出场费“收入囊中”；有的穿梭于各式会场，四处露脸捞“声名”、拓“圈子”，对学生无暇顾及；有的成为领导干部后热衷觥筹交错、迎来送往，在交际场中长袖善舞，不把心思花在学校管理和建设上。

个别高校领导和老师把社会上的商品交换原则带进“象牙塔”，把学术资源作为攀附权贵的手段。有的领导、富商乐于“攻读”在职硕士、博士，一些教授也乐于招收这样的“学生”，甚至不惜降低学术要求，而有的高校则热衷邀请一些没有教学经历和学术研究成果的“名流”担任客座教授。

现象四　好高骛远，贪图虚名

高校发展建设需要求真务实的工作作风，然而一些高校领导对大学的基本特征、发展规律和办学特点等不认真研究，闭着眼睛唱高调，高校发展贪大求全。有的高校盲目提创建世界一流，热衷炒概念。有的高校办学特色不明显，办学定位、学科以及专业建设、人才培养存在类同现象，只为“赶热门”一哄而上，或一门心思把规模做大好升格，学科专业盲目求全，造成重复建设和资源浪费。有高校教师对此评价说，“有的学校仅注重‘量’的扩充，缺乏‘质’的提升，导致‘饼’摊得太大，人力和财力很难保证正常的教学质量”。

一些高校在“赶浪潮、抓热点、贴标签”的氛围中，学科建设急于求成。如，内部各类研究机构成立了一家又一家，对外合作院所搞了一个又一个，效果如何无人过问。这样的高校对基础研究工作重视不够，只重视短期效应，忽视长远建设。“对解决国家重大需求、卡脖子技术等支持不够”，某高校教师直言，这些项目长期攻关才能出成果，纯属前人栽树后人乘凉，所以有的人不愿干不去干。

一些高校领导干部习惯高高在上，不愿深入师生和教研一线。有的制定政策不征求意见，独断专行，有的缺乏调查研究，“拍脑袋”决策，有的管理僵化，脱离实际。一位高校教师就抱怨学院出台的有关科研经费规定只顾降低经费滥用风险，忽视科研工作实际，“每个学科乃至每个项目的科研都有其特点，学院却把经费用途规定很‘死’，比如多少钱买书、多少钱用于学术交流、多少钱用于办公用品，操作执行不便”。

追权逐名贪利致使浊气难除

长久以来，“象牙塔”里的官僚主义难以根治，自有其适宜生长的“土壤”。

官僚主义的表现各式各样，但背后都与权力二字息息相关。少数人不学却有“术”，将社会上拉关系、搞钻营的不良风气带入高校并从中获利，不但掌握了大量学术资源，还能轻易获得学术地位和荣誉。如此环境浸染下，一些高校教师逐渐产生了“教授不如处长”的想法，认为与其坐冷板凳搞科研，不如走出实验室搞关系，实现名利双收。

高校里同学、同门、同乡等关系复杂，属于典型的“熟人社会”，背靠“山头”有底气助长近亲繁殖。有的高校老师长期深耕一地、深耕一域，容易滋生“一个人单打独斗，比不上一群人合起伙来”的想法。“山头”树大根深，一荣俱荣、一损俱损的利益圈就此形成。

讲究门户之分、圈子文化盛行，扰乱了正常的学术科研秩序，损害高校选人用人公平性，伤害那些想干事、能干事的教职人员积极性。此外，“人情大于天”的环境造成一些人认为，如果自己不随波逐流就会被排挤、淘汰，因此想方设法拉关系、进圈子，产生“劣币驱逐良币”的现象。

有些人对官僚主义睁一只眼闭一只眼，在利益驱使下接受甚至还利用这种歪风谋利。对于高校教师来说，职称评定、职务晋升、成果评奖等均与个人职业发展密切相关。在这些方面学术权威拥有很强的话语权，导致很多教师特别是青年教师不得不投靠“大导”以求“庇护”。某高校教师举例说，在监管不到位、资源不充裕的情况下，如果导师或者关系好的人是评选委员会的成员，自己就有“优势”，“我认识的导师多一票，关系好的又可以多一票”。因此，在唯学历、唯资历、唯论文等“多唯”倾向下，混脸熟、贴名字、求提携、认门户、攀交情、搞关系等现象随之出现。

在职称评定指挥棒驱使下，学术话语权一定程度上被掌握在少数权威手中，容易导致学术“同质性”强，甚至演化为学术垄断，影响创新思维和创新人才培养。此外，科研成果唯少数学术权威的“票数”论，评审以亲疏作标尺，长此以往影响科研质量。

“象牙塔”里的官僚主义歪风具有很强的隐蔽性，有时并不引人注目，在监督乏力不到位的情况下，很容易悄然滋长。当前高校“四风”主要依靠纪检监察部门来管来纠来治。除人手有限外，还存在监督措施不多、方式单一、办法不灵等问题。有的高校对“四风”问题的监督执纪问责偏软，压力传导不够。还有的高校抓“四风”多集中在吃喝收礼等显性问题上，对形式主义、官僚主义等问题涉及较少。某高校教师坦言，“查处的官僚主义问题数量微乎其微，有的问题传播到社会上，造成不良影响，才会去查”。

还菁菁校园一片净土

高校担负着为党育人、为国育才的历史使命。根治“象牙塔”里的官僚主义，有助于落实立德树人的根本任务，塑造时代新人。因此，要坚持“当下改”与“长久治”相结合，凝聚合力构建风清气正的校园生态。

驳高校“特殊”。一段时间以来，一些人秉持“高校不是党政机关、知识分子不是领导干部”的论调，认为高校里的官僚主义没有那么严重、纠治起来可以不那么较真，对这种错误观点必须坚决驳斥。全面从严治党，高校不能例外。首先，要深刻认识到“象牙塔”里的官僚主义造成的危害尤甚。高校是人才培养的重要阵地，如果任由官僚主义蔓延，既对青年危害极大，更严重损害党和国家持续发展、兴旺发达，决不能放任，必须重拳出击、露头就打，彻底铲除官僚主义滋生的土壤。其次，要深刻认识到高校并非真空地带。对社会上存在的官僚主义问题，高校不能独善其身，时刻有被不良风气包裹、侵蚀的风险，整治官僚主义不能把高校置身事外。再次，要深刻认识到一些已查处案件暴露出劣迹斑斑，警示整治刻不容缓。北方工业大学原党委常委、副校长沈某某，上海工程技术大学原校长夏某某，西南林业大学原党委书记吴某等人的违规违纪行为令人触目惊心。“象牙塔”一旦变黑，对民众心理冲击、党的治理效能影响都是无法估量的，必须坚决清除高校内的污染源，还“象牙塔”以洁白清正。

破除官本位。精简行政管理机构，对原有内设机构进行优化整合，把工作职能与工作性质基本相近的职能部门进行合并或重组，避免叠床架屋。要参照教育部施行的生师比，把行政干部数和师生数比例纳入统计评比，对行政干部进行核减，严防因人设岗、滥设副职、虚职和闲职等现象。要严控行政部门对学术工作过多干预，控制内部会议数量、发文数量、检查评比次数等，切实减轻科研人员的非业务性工作负担。要畅通高校师生沟通机制和渠道，通过设立校长信箱、校领导接待日、组织座谈等形式听取师生意见建议，践行高校领导每学期全流程体验学校具体业务，切实为师生办实事解难题。

破学术依附。打破相互封锁、彼此封闭的门户之见，营造开放的学术生态。一要建立回避制，严把入口关，培养学缘结构多元化的师资队伍，实施“控制本校毕业生留校任教制度”，打造差异化、梯队式人才“蓄水池”。二要建立追责制，严格规范专家评审行为，严防感情票、利益票，一经发现立即取消评审等资格，强化责任追究，扭转评选时一窝蜂上、出问题时没人负责的乱象。三要建立信誉制，健全专家选聘与退出机制，如发现相关问题，按照调查核实、公开公示、惩戒处理等程序建立专家黑名单制度，对纳入名单的严重失信主体实行“一票否决”，从专家名单中剔除。

强监督质效。推动高校纪检监察体制改革落地落实、监督有形有效。要攥指成拳，充分发挥上级纪委的领导和指导作用，加强驻教育部门纪检监察组与高校纪委联动，运用督办、领办等方式，逐步解决高校纪检监察机构“人太熟不好办、人太散办不了”等问题，形成查纠官僚主义合力。要精准出拳，注重拓展问题线索来源，多请师生“把脉”，运用实地督查调研、个别访谈、问卷调查等方式强化监督检查，对反映的问题线索跟进处置，通过开展谈话提醒、约谈批评、诫勉谈话等，常态化对党员干部和教职工进行“咬耳扯袖”，把日常监督做到位。要重拳出击，依规依纪依法、从严从重从快，发现一起查处一起，决不能让“象牙塔”里有害群之马。建立通报曝光制度，坚持定期公开发布官僚主义问题查处情况，召开警示教育大会或专题民主生活会、编印警示教育读本等，推动规范化、制度化、常态化。

（于国君　郭妙兰　余哲西）

（本文原载《中国纪检监察》杂志 2021 年第 24 期，收入本书时略有修改）

二、在联系服务群众上多用情

他们为何服务群众不担当不作为

“奇葩证明”少了、办事流程快了、政务 App 功能越来越多了……党的十九大以来，各级党组织和纪检监察机关坚决查处纠正漠视群众利益诉求、为民办事庸懒散拖等突出问题，推动解决了一批群众的操心事烦心事揪心事，有力维护了群众利益，赢得无数点赞。2020 年 1 月至 10 月，全国纪检监察机关共查处在联系服务群众中消极应付、冷硬横推、效率低下，损害群众利益，群众反映强烈的形式主义、官僚主义问题 2651 起，处理 3842 人。然而，作风建设永远在路上，陈年痼疾的根治不可能一蹴而就。如今，仍有一些党员干部在联系服务群众中不担当、不作为。问题为何难以根除？有哪些新的表现形式和特征？又该如何对症下药？

态度冷　对群众反映强烈的问题无动于衷、消极应付

过去，一提起到政府部门办事，不少人首先想到的就是工作人员不耐烦的语气和难看的脸色，恶劣的服务态度令人寒心。随着全面从严治党深入推进，作风建设不断加强，党

员干部服务群众的态度大为改观，但在一些地方和单位，此类问题仍然顽固存在，且花样更多、隐藏更深，令群众憋气窝火。

首先是“凉”，外在表现是对待群众态度冷淡，内在表现是对群众的事情漠不关心。前者相信不少人都有过体验——明明办事者众多却只开一个窗口，明明还没到下班时间却提前收工，明明应该热情周到却敷衍塞责、爱答不理。某地领导干部将电话号码公示在公告栏上，群众打电话反映问题时，不是被告知“不是本人”，就是说“打错了”。与外在的凉相比，内在的凉更让人寒彻肌骨。一些部门和单位知道群众生活有哪些困难，就是不去想办法解决；听到了群众的呼声，就是不愿意正面回应。在新冠肺炎疫情防控工作中，有的地方对群众合理建议和诉求不理不睬，而是一味热衷于刷标语、喊口号，让群众透心凉。

再者是“硬”，对群众缺乏感情、态度生硬。有的干部对办事群众没有耐心，多问几句就脸色大变；有的对本职工作不熟悉，一问三不知还理直气壮、盛气凌人；有的工作不注意方式方法，面对群众的不理解不去悉心疏导，反而“硬碰硬”，群众说一句、他撑十句。吉林省长春市南关区教育局副局长谭某在接待群众时，便和群众“正面开杠”，称群众“听不懂话”，并让人调查发言群众是哪个小区的，言语间给人一种“打击报复”的意味，让人不由得要问：这

"硬气"到底从何而来?

还有一种是"横",讲特殊、搞特权、耍官威。有些党员干部总觉得自己位高权重,官气十足、目空一切,对待群众简单粗暴、颐指气使。比如,浙江省温州市永兴街道沙园村党总支书记王某某对开据安置房相关证明的群众态度恶劣,不仅明码标价,"打证明可以,先出两千块",同时还威胁群众"如果你给我惹火了,我不会放过你"。本应是服务群众的公仆,却俨然一副高高在上的"老爷样",不仅坏了自己的名声,也损害了党在人民群众心目中的形象。

效率低　门好进、脸好看,事情却要拖着办

随着正风肃纪的持续深入,党员干部和公职人员违法乱纪的"后门"得到有效封堵,然而,门好进、脸好看了,实际上办事效率低下问题仍不同程度存在。

一些干部奉行"推"字诀,遇到事情推诿扯皮,"踢皮球""打太极",让群众跑来跑去就是解决不了问题。有的是"明着推",特别是一些掌握行政审批权的干部,对职责范围内之事不闻不问,变着法子找借口绕道走;有的是"暗着推",拿规章制度当"挡箭牌",或者利用职责不清的漏洞浑水摸鱼,面对工作人人缩头。比如,村里的自来水管道冻裂,县水务局、乡镇、村里都有责任,看似分工明确,实

则无人问津，最终坑苦了群众。

也有干部常念“拖”字经，明明可以迅速办结的事情总是一拖再拖。有的办事人员甚至明确告诉群众，交钱就可以加急办理，否则就只能按部就班。广东省广州市番禺区沙湾镇房管所冯某在负责办证工作 5 年间，拖延办理群众房产证 59 份，最长拖延时间达 5 年。有的地方部门先后 10 多次接到“12345”政务服务热线转办群众反映问题，却迟迟未采取有效措施解决，种种“慢作为”令群众怨声载道。

还有干部善玩“绕”把戏，一次可以办结的事项，偏要群众跑数趟；网上可以办理的业务，偏要群众到现场；可以简化的流程，偏要坚持原样，让群众四处找人盖章。华南某地就出现了某男子为取过世父亲留下的存款，在银行、公证处、派出所、居委会跑了 7 个多月的极端个案。诸如“你妈是你妈”之类的“奇葩证明”虽然经过整治有所减少，但远未根除，“工作人员动动嘴，办事群众跑断腿”的现象依然存在。

此外，更有一些干部故意把群众的事情“卡”着不办。如南方一些民营企业就把有关政府部门的“卡”形象地比作“三重门”：一曰“卷帘门”，主要是指对企业设定各种限制条款，“拉下来让你吃闭门羹”；二曰“玻璃门”，主要指新政策、新规定、新办法都有了，但是兑现难、落实难，让企业看得见却够不着；三曰“旋转门”，说的是职能部门管理服务不到位，让企业在争取项目过程中稀里糊涂就被转出了门外。

表面光　搞形象工程花架子，重“显绩”不重“潜绩”

群众对美好生活的向往是实实在在的，联系服务群众也来不得半点虚假。然而现实中，总有一些党员干部喜欢做华而不实的表面文章，看似热情服务群众，实则为了个人升迁“赚业绩”，群众不仅得不到实惠，反而还要为这些行为“买单”。

记者在基层采访调研中，曾听到这样的故事：推进城乡环境治理，只将房屋面向公路的一侧刷白，另一侧不管不顾，因为领导看不见；主干道干净整洁，背街小巷脏乱差，因为领导不常去；扶贫项目不容易扶进偏僻乡村，因为领导到不了……这种只为吸引领导眼球、不考虑群众满意度的“注意力政绩”，与前些年流行的“形象工程”“面子工程”本质上并无不同，不仅违背民意，而且劳民伤财。

重“显绩”不重“潜绩”，近几年一个新动向值得注意，那就是各种新技术、新服务纷纷上马，汇报起来“亮点”多多，实际上并没有给老百姓带来好处。不少服务热线、公开网站、政务 App 因为疏于管理维护，长期处于“僵尸化”或“半瘫痪”状态，举报信箱、便民服务栏目不及时回应，形同虚设。四川省工商行政管理局网站局长信箱 7 年共收到2037条留言，令人咋舌的是，所有留言的回复竟如出一辙——将反映情况的原文逐一复制粘贴！投诉问题无一收到有效回复，局长信箱成了中看不中用的摆设。

漂浮的作风，在服务企业方面，则多表现为言而无信，重招商轻服务。“谁做承诺谁去管，谁的事情谁去办”，记者采访中了解到，新官不理旧账的事情在一些地方几乎连年发生——前任领导好大喜功，为快速招商引资不惜夸下海口。等到新官上任，谈好的条件变了、答应的优惠没了、做好的规划废了，对于企业无异于灭顶之灾。有的企业与政府沟通数十次，都未能解决问题，进退两难。

症结多　主客观多种因素导致庸懒散屡禁不绝

党员干部服务群众不担当、不作为，归根结底是理想信念出了问题。“总开关”松动了，宗旨和责任意识淡漠、精神萎靡、斗志弱化等接踵而至。纵观被处理的干部，大多是信奉个人利益至上，只想当官不想干事，只想揽权不想担责，只想出彩不想出力，碰到难题一味“往外推、往后拖、往上交、往下压”。没有了“全心全意为人民服务”的心，哪还会有“俯首甘为孺子牛”的行？

规避“风险”的心态，也有一定“市场”。在全面从严治党的大背景下，有的干部错误地认为“勤快媳妇打碗多”，干得越多犯错误的机会越大，于是在具体工作中“不求有功但求无过”，任务来了只管推脱，变着花样逃避责任；有的干部怕被问责，对联系服务群众过程中出现的新情况新问题视而不见，对关键性事务和深层次矛盾避而不谈，一切工作向后看，找法条、找依据、找既往经验，一旦法无明文规定就拖着不办；还有的在服务企业过程中，对政商交往边界把握不准，担心有瓜田李下嫌疑，对企业敬而远之、退避三舍，致使企业得不到正当的支持和服务。

除了主观上的认识偏差，客观方面也有一些因素导致问题丛生，其中重要的一条就是考核的偏颇。在一些地方和单位，联系服务群众没有科学严谨的考核体系——有的考核指标不合理，领导评价一字千钧、群众意见忽略不计，导致干部对群众毫无敬畏之心，自然不能尽心竭力地服务；有的地方考核办法不细，只要做到“门好进、脸好看”，就算是按规定履行了职责，考核就能通过，而群众的事办没办好并不在考虑之列；有的是考核结果运用不到位，干得好的得不到激励，干得差的得不到惩戒，久而久之必然引导干部滑向庸懒散的泥沼。

对相关问题的监督困难，也在一定程度上助长了歪风邪气。一是监督难聚焦。新动向、新表现不断出现，容易让纪检监察机关监督失焦，导致发现不及时、监督不到位、纠治不深入。二是执纪尺度难把握。此类问题隐蔽性、变异性较强，给调查、取证、定性带来较大难度，有的纪检监察机关执纪标准不一致，忽左忽右，畸轻畸重，影响了执纪的严肃和权威。三是追责问责难精准。有的追责、问责不分，直接责任、领导责任不分，甚至搞“轮流坐庄”式问责，问责效果不好。

种种症结综合作用，导致“新衙门作风”屡禁难止，违背了我们党的性质和宗旨，挥霍了群众对党的信任，损害了党执政的政治基础。因此，必须拿出“永远在路上”的韧劲，以过硬措施扎扎实实从根源着力整治。

下对药　内服外用，祛除不担当不作为滋生病灶

解决联系服务群众不担当不作为问题，首要任务是“通思想”。思想通了才能一通百通。要通过更加行之有效的思想教育，让党员干部真正做到胸怀为民之心、当好人民公仆。譬如，换位思考，让党员干部当一天办事的老百姓，切实体验群众办事过程中的难题和困境，督促他们回到岗位后把“假如我是他”变成一种思维自觉，更好地开展服务。再如，深入群众，让党员干部和老百姓零距离接触，了解他们的所思所盼。云南省怒江州为解决贫困群众不愿易地搬迁难题，派出干部背着干粮和睡袋深入群众家中同吃同住，了解群众抵触搬迁的苦衷，设身处地帮助他们想办法、解难

徐光伟 绘

题、谋划美好生活，最终得到了群众的理解和支持。

引导党员干部更好服务群众，还要善于增加评比选项“做加法”。注重发挥考核评比指挥棒、推进器作用，加大群众评价的权重，让群众意见能够影响干部的绩效和升迁，倒逼干部深刻认识“金杯银杯不如群众的口碑”。湖北省仙桃市就通过扫二维码等方式，请群众对有关单位和办事人员的服务作风进行评议，并计划在此基础上评选出“十优”“十差”，真正考出群众满意度和干部精气神。

动员千遍，不如问责一次。问责对于压实责任、解决问题意义重大。做好问责的关键在于“求精准”，一方面要瞄准目标，对不思进取的“庸官”、推诿扯皮的“躲官”、办事拖沓的“懒官”和装聋作哑的“木官”敢于较真、叫板，让直接责任人悔、让负有主体责任和监督责任者痛；另一方面要严格落实“三个区分开来”，对真抓实干者加大奖励支持力度，对勇于创新者怀抱宽容之心，树立起鲜明的旗帜和导向，汇聚起服务群众、推动发展的强大合力。

解决作风问题离不开监督保障。要采取更加切实可行的办法，对问题准确界定、严格监督、狠狠痛打。针对发现难的问题，要增强监督的针对性、协同性、有效性。例如，武汉等地借力群众监督、舆论监督，积极引导干部群众参与作风建设监督；再如，重庆纪检监察机关以“四不两直”方式深入窗口服务单位开展纪律作风督查，这些都是有益的探索和尝试。针对认定难的问题，应适时出台纪律释义、政策答复，编辑案例释读，以案明纪，以案释规。针对查处难的问题，要坚持问题导向，加大查处力度，将懒政怠政等行为上升到违规违纪来处理，抬得起板子落得下手，真正打痛长记性。同时，要对不担当不作为问题和干部点名道姓通报曝光，增强执纪问责刺痛感和教育警示震慑力，引导党员干部自觉抵歪风、树正气，答好“为了谁、依靠谁、我是谁”的考卷。

（赵振宇　刘来宾）

（本文原载《中国纪检监察》杂志 2020 年第 23 期，收入本书时略有修改）

群众扫码评议倒逼作风转变

“十分羞愧!”湖北省仙桃市人社局驻市政务服务大厅窗口工作人员小刘谈起之前为一位老人办理退休业务被点名批评一事时，如是表达自己的心情。

当日下午临近下班，一位老人来窗口办理退休业务，因携带资料不齐全，小刘告知他准备好资料后再来。“可能我当时急着下班接小孩放学，态度生硬了点。没想到第二天领导就收到了‘办事人员服务态度很差’的‘不满意’评议，对我进行了批评教育。”小刘回忆起当时的情景，懊悔地说。不仅如此，窗口还专门对所有工作人员进行服务培训，再次明确服务标准。

小刘所说的评议，是2020年仙桃市纪委监委与市政务服务和大数据管理局共同开发的微信政务评议小程序“仙桃评议”。该程序旨在通过对全市政务服务工作中存在的形式主义、官僚主义等问题进行监督评议，着力提升政务服务工作作风和水平，优化营商环境。

“在市政务服务大厅、各街道（乡镇）便民服务中心、各窗口部门办事场所等办公区域醒目位置，我们全部张贴了评议二维码，一个单位一个二维码。”该市政务服务和大数据管理局相关负责人介绍，群众扫描二维码，即可进入“仙桃评议”小程序平台，点对点对具体单位或具体工作人员的政务服务作风进行评议。

“群众评议分为‘满意’‘不满意’，评议‘不满意’的还可以提供文字和图片说明。我们会迅速拟定转办单，提请‘市作风建设办’督促相关单位整改到位。”该市负责“仙桃评议”督办的同志表示。

“你单位办事窗口秩序混乱，人员十分拥挤，群众办事诸多不便，请迅速整改。”2020 年 10 月 10 日，该市政务服务中心向市医保局开出了首张转办单。该市医保局迅速行动，落细落实了窗口服务领导带班制、申报材料一次性告知制、首问负责制等服务制度，安排专人接待群众咨询，引导群众办事，并对工作人员再次进行了政策和服务培训。

据统计，“仙桃评议”小程序自 2020 年 9 月下旬上线运行以来，已覆盖 150 余家单位，有近 10 万人次参与评议，累计开出督办单 30 份，督促 20 家单位整改问题 32 个，倒逼各单位自查自纠，转变方式，优化服务，改进作风，进一步破解了“门难进、脸难看、事难办”难题，全市政务服务水平得到有效提升。

“群众‘挑刺’和领导‘小题大做’很有必要。”如今再提及当初之事，小刘觉得“根子上还是我的服务意识、服务水平没有跟上，类似的事情打那以后再也不会发生”。看着部门窗口评议满意度越来越高，小刘终于释怀了。

为确保评议工作制度化、规范化运行，该市制定出台了《“仙桃评议”工作方案》，计划对市、镇、村三级便民服务中心、相关单位内设机构及下属单位、行政执法机构等所有具有服务职能的机构进行评议全覆盖，评议内容涉及改进作风、全面从严治党，围绕中心、落实重点工作，服务企业、优化发展环境，依法行政、规范权力运行等方面。该市还计划采取日常评议与集中评议相结合的方式，在年底评选出“十优满意单位”“十差不满意单位”，并在全市公开通报。

据悉，2020 年该市启动实施“作风建设三年提升计划”。“仙桃评议”程序作为该市作风建设三年提升计划中政务服务评议工作的重要平台，通过将“监督哨”设在群众身边，畅通群众监督渠道，发挥群众监督作用，将客观评价权交给群众，进一步打破了“抓问题浮在表层”现象，推动干部作风转变落到实处。

（王慧文　张　璇）

（本文原载《中国纪检监察》杂志 2020 年第 23 期，收入本书时略有修改）

体验式察访擦亮服务窗口

“您好，请问您办理什么业务？”“我想了解下办理失业证要哪些手续？”“您需要提供这些材料……”

2020 年 9 月 29 日，辽宁省抚顺市纪委监委东洲区暗访组来到东洲区茨沟人社局服务大厅，对东洲区窗口单位开展体验式暗访时，窗口工作人员热情接待，并向暗访人员指明各业务窗口办理事项及位置，细致周到的服务给暗访组留下了深刻印象。

而在几个月前，情景却是截然不同。

“按照抚顺市纪委监委要求，我们以普通群众的身份，前往东洲区公共行政服务中心等多个服务窗口模拟办事、暗访踏勘。”东洲区纪委监委参与“模拟办事”的工作人员介绍说，暗访组到人社局大厅办理业务，发现大厅卫生条件极差，烟头随处可见，没有服务台引导，排队秩序极为混乱。

“同志，负责办理失业证的工作人员去哪了？”暗访人员向旁边的一位工作人员询问。“不知道，早上就没来。你明天再来吧。”

“钢印还在柜台上，工作人员是不是没走远？”暗访人员指着柜台上的钢印问。“一直放在那，办事的人都是自行登记、自行盖章。”旁边的工作人员头也没抬地说。

随后，暗访人员来到大厅内为方便群众设立的触摸屏前，4 台设备仅有 1 台可以正常使用，其他全部损坏或停用。

办事群众在窗口部门体验如何，直接关系群众对党和政府的信任与信赖。针对暗访中发现的问题，抚顺市纪委监委立即责成东洲区纪委监委查处。不久后，东洲区人社局失业证核发窗口公益性岗位人员被调离岗位，区人社局相关领导也分别受到相应党纪政务处分。

2020 年以来，抚顺市纪委监委先后 3 次组成 10 个暗访组，对 30 余家市直单位和 60 余家县（区）直单位进行了监督检查，发现和推动 67 个破坏营商环境阻碍民营企业发展的突出问题，有力促进了窗口服务单位的作风转变。

此外，抚顺市纪委监委还开展了“假如我是他”换位思考活动，让党员干部当一天办事的老百姓，不同地区、不同单位交叉进行，切实体验群众办事过程的难题和困境。

“我家孩子在沈阳住院，没有办理转院手续，医保能报销吗？”“能报销。”“那我需要办什么手续呢？”“你这是外市医保报销，不归我们管，你到 5 号窗口问问吧……”

“您好，我想问一下外市医保报销的相关事宜。”“你等一会儿，没看我正在打电话嘛，急什么急啊！”

在抚顺市医保中心办事服务大厅内，一名刚被派来参与交叉体验活动的工作人员无意中看到了这一幕。

“不亲身体验，还真是不了解啊，原来医保报销手续和流程如此复杂，百姓办事还真是难啊。回到工作岗位后，我一定时时刻刻换位思考，改正之前的消极懒散态度，更好地为百姓服务，尽到人民公仆的职责。”抚顺市社保服务中心科员小李对前来调研的一名市纪委监委干部说。

针对工作能力上“庸”、办事效率上“懒”、工作作风上“散”、执行制度上“拖”等作风顽疾，抚顺市纪委监委还打出了一套组合拳——制定出台了《关于全市纪检监察机关支持保障民营企业发展的十二条措施》，着力解决营商环境中的堵点、难点问题；创新建立了与企业“直通车”制度，班子成员与10名民营企业家进行了“一对一结对子”，对发现的行政机关及行使公权力人员吃拿卡要、不担当、不作为等问题直接受理；对市营商局、市民政局、市商务局等15家与营商环境息息相关的单位和部门开展专项巡察。

（佟　桐　寇嘉慧）

（本文原载《中国纪检监察》杂志2020年第23期，收入本书时略有修改）

三、围绕党和国家工作全局履职尽责

看看这些不推不干的“躺平式干部”

立足新发展阶段，贯彻新发展理念，构建新发展格局，需要干部以非常之力决战决胜艰巨任务。然而，现实中仍有少数干部不主动担当作为，缺乏信心与斗志，面对任务左躲右闪，直接“躺平”，被群众称为“躺平式干部”。

“躺平式干部”众生相

“躺平式干部”有几副面孔？随着作风建设的不断推进，过去一些干部身上的不良风气正在逐步扭转。但在一些基层干部中潜伏着一股“躺平”的暗流，值得警惕。着眼于具体表现形式，“躺平式干部”主要有以下几幅肖像“简笔画”。

现实中，我们经常看到一些党员领导干部落实工作要求时，把说了当做了、把做了当做成了，实则是只喊口号“唱空城”，工作上得过且过，满足于开会了事，贯彻落实没有下文。面对生态环境遭受的破坏，西部地区某干部反复强调环保问题的重要性，提要求“口号响当当”，“反正该做的批示我批了，该开的会我也开了”，典型的不尚实干尚空谈、召开会议当落实。有的干部“表态”之后无“表现”，服务群众靠“表演”，面对群众诉求满口承诺，开的却是空头支票，害得群众空欢喜一场。“接待时热情无比，让人暖心，询问进度时总是顾左右而言他，让人寒心！”再比如，遇到某突发事件后，涉事部门和单位连夜召开紧急会议，表态要“严肃处理，决不姑息迁就”，但往往是“火箭回应”后就没了下文，或者依然我行我素。这种“表面上办”，其实只是“做给你看”，目的是“赢得你赞”，至于实际成效，却是“稀松散漫”。

拈轻怕重“做样子”是“躺平式干部”的另一突出表现。一些党员领导干部遇到急难险重的任务挑三拣四、讨价还价，甚至以各种理由推脱。比如，认为没有“实权”的部门是“清水衙门”，嫌弃偏远地区环境差，感觉干脏活累活“有失身份”，等等。有的干部长期坐在办公室以“遥控指挥”接“烫手山芋”，了解情况主要靠下属汇报、部署工作主要用电话通知、考评工作主要看下级报告，极容易导致工作安排脱离实际。还有的干部表示，自己单位一位领导对于有经济补贴的工作比较上心，对其他日常工作积极性比较低，经常做甩手掌柜。

还有一类干部的典型特征是“不喊号子不拉纤，撸起袖子一边看”，安于现状、不思进取，庸碌无为“混日子”。

有群众反映，有的干部平常不言不语，有事一问三不知，见到工作“两手一摊”，碰到问题“两眼一黑”。有的干部年近退休，认为自己“船到码头车到站”，如某市直属机关老干部管理服务中心原主任在被调整到服务中心后，就自认为退居“二线岗位”不用继续努力，于是把心思全用到了诗词歌赋和游山玩水上，学习教育请假缺席，重要会议副职代劳，政策落实不闻不问，最终放松警惕滑向腐败深渊。更有甚者，守着条条框框办事，作风拖沓、不重时效，把“遇到问题按兵不动、能拖一阵是一阵”奉为工作哲理，对限时办结的工作不按时限办理，对重大事项推动、落实不力。某地级市工业和信息化委员会原党组书记、主任，就以机构设置调整等为由，生生拖住了某国家数据中心的建设进度 3 年多，导致耗费大量人力物力资源的项目未能取得实质性进展。

一些基层单位存在一种怪现象：有的干部面对“老大难”“硬骨头”，只想当“太平官”，选择一“走”了之。如，面对两家餐馆违规修建的钢架棚，中部地区某街道办工作人员收到上级指示后，担心采取强制拆除措施引发矛盾，没有及时处理该问题，导致违规现象持续长达 6 年。又比如，东部地区某市林业局局长李某某在任职期间，对深化集体林权制度改革置若罔闻、熟视无睹，甚至在工作人员已经做好调查摸底等相关基础工作、多次请示汇报的情况下，仍然振振有词："这项工作容易引发争议，我们不要积极推动。"最终给当地造成了极其恶劣的影响。如此回避矛盾"绕弯子"，完全置人民群众的根本利益于不顾。

一说起不批不干当"陀螺"，西部地区某县委书记的火气就不打一处来，办公桌上每天都有一尺多高各种各样的报批件，"满场都是带球的，就是没人愿意射门进球，全部推给一把手"。一些地方和部门无视群众诉求，以领导批示为风向标，主要领导重视的工作就快马加鞭狠抓落实，主要领导不怎么重视的工作就选择性忽视，乃至出现领导不批示就不干工作的问题。领导没有明确要求、没细化实施办法，干部就"不会干不愿干不敢干"。如，中部地区某市民发现小区湖畔绿道栈桥护栏年久失修，存在安全隐患，前后向区里和街道投诉反映了一个半月时间，没有任何回音，直至其向市领导写信反映被批示后，施工人员才来到现场对倾倒护栏进行更换维护。

"怕得罪人、怕出问题、怕担责任"，某市一位干部举例说，上级有关部门要求当地每个乡镇必须建立污水处理站，而建污水处理站就要涉及土地报批，且很多位于基本农田附近，审批程序复杂，短时间内很难批复，"干或不干得算账"。有的干部面对高风险领域工作一推六二五，甚至临阵脱逃。如面对疫情防控关键时刻，中部地区某区疾控中心工作人员不服从组织安排、调度，对单位多次催促其返岗的通知不予理睬，甚至将手机设置成勿扰模式。不难看出，这些干部遇到存在有些制约条件的事情就谋划不靠前，徘徊不定、畏首畏尾“挑着干”。

此外，基层干部群众表示，有一类“不廉不勤，贪了也不干”的干部，更令人愤慨。如，西部某县住建局供排水管理科原总工程师柳某某从“不收钱不办事”，再到“办不办事都收钱”，收受160多名管理服务对象的礼金达140余万元。某民办幼儿园负责人为办理临时建筑规划许可审批手续送给柳某某4000元，后该手续一直未予办理。在谈及为何未办事也收钱时，柳某某却说：“我在那个位子上，别人总有事要来找我的。”这类干部还给自己找补：“没给办事，就不算权钱交易。”

“躺平式干部”以虚字当头、空字挂帅，损了形象、伤了民心。面对急难险重任务不负责、不作为，必将导致项目推进缓慢，抓落实打了折扣，甚至失去方向产生偏差。此外，“推一下动一下”，久而久之必然导致“能者多劳懒者闲”的现象，致使大量人力资源闲置难以形成合力，进一步拖延了办事时间、降低了工作效率，影响职权职能的正常发挥。长此以往，久议而不决、决而不行，一些原本可以化解的矛盾、解决的问题长期得不到实质性解决，最终致使群众叫苦连天。

看似无欲无求，实则各有盘算

放弃干事创业选择“一躺到底”，既影响干部队伍的凝聚力，又容易滋生不正之风。追本溯源，一些干部“躺平”心态的产生有着诸多因素。

“啥都不干难找缺陷，不做事情不担风险，组织考核没有缺点。”中部某县一名乡镇干部直言，“拖字诀”有时在基层很有效，但求不出事，宁愿不做事。“基层的事面广量大，各种状况层出不穷，许多问题扛过一阵、拖上一阵，避过风口浪尖，多半也就大事化小、小事化了。”这样的干部不求有功但求无过，把“多干多错，少干少错，不干不错”的躲过观念当作明哲保身的法则，抱有“我不贪不占，不吃拿卡要，你能怎么着”等心理。一些奉行“躺平”主义的干部认为“笑贪不笑懒”，社会上对“躺平”有一定宽容度，自己就懒得怡然自得、心安理得。有少数干部自我意识比较强，工作标准不高，满足于一般化，有利的抢着干，不利的绕着走，只求过得去、不求过得硬，小富即安、小成即满，裹足不前。还有的干部认为“干与不干一个样，干多干少一个样，干好干坏一个样，我不干总有人干，多一事不如少一事”，遇事就扔下铁锤拿灯草——拈轻怕重。此类思想一旦作祟，“躺平”就显得“顺理成章”了。

职权扯不清，宁可不揽功。一些地方在机构改革中，未能做好改革“后半篇文章”，导致个别部门“事扯不清”，职责运行边界模糊造成干部谁也不敢贸然“揽事”，当部门“罪人”。“有的部门在改革中因业务指导、行政复议的条块分割造成职权交叉、监管推诿。”一位基层干部对此十分无奈，只能“被迫”选择“躺平”。此外，有些地方权限还未下放到基层，相关责任已经提前“安排”到位，让基层干部不敢担责。有基层干部说，只要有人顶在前头，这事就与我无关，谁也不愿当“接锅侠”，不如“躺平”，反而太平。

审视种种“躺平”现象背后，还折射出一些干部想用套路掩盖个人谋划不足、能力不强的事实。“老办法不管用，新办法不会用”，习惯于下命令、被安排，缺乏工作主动性创造性，不能适应新环境、新挑战，无从下手，只知守着自己的一亩三分地，可谓是能力不够强，只好套路凑。知识储备长年不更新，认知和见识停留在记忆中，遇事凭感觉，张嘴就露怯，暴露出部分基层干部业务素养欠缺，职业水平与岗位要求差距明显。“乡镇工作千头万绪，跟着套路走，工作不费脑。”个别乡镇干部把此类工作法运用到疫情防控工作中，工作看起来“充实”，但举措是否到位、实效如何却不在考虑中。

“看看先进单位的经验做法，到时候借鉴借鉴，抄抄作业，我们也能到中等。”偷懒抄作业，不愿去争先的现象时有发生，一些干部习惯于等靠要，面对上级安排工作任务，不会“马上就办”，而是缓一缓、等一等，“等”别人工作完成得差不多了，然后“靠”打友情牌或其他方法，“要”别人的经验做法和劳动成果。还有相当一部分干部认为自己往上走无望，“一眼看到了头”，失去进步的动力，于是乎抄着别人的作业，不思进取求“躺平”，“做一天和尚撞一天钟”。

选任“干将”“闯将”，让混日子没有市场

历史的契机、时代的重任，迫切需要干部队伍冲锋陷阵、能征善战。在新时代的前进征途上，应选任一大批“干将”“闯将”，让“躺平式干部”躺不住，让混日子没有市场。

以思想破冰引领精神提振。有志始知蓬莱近，无为总觉咫尺远。从“躺平”中“起身”，须捧一颗滚烫初心奔赴信仰高地。要有干事创业的情怀，摒弃“工作分好坏、干事论大小”的思维，让情怀转化为党员干部担当干事、为民办事的内在动力和外在表现，展现新担当、实现新作为。对待群众要有真情实意，以心换心，把群众的事当自个事，攀“穷亲戚”，和群众零距离接触，对其切身利益设身处地、换位思考，了解他们的所需所盼。要有争先创优、破局前行勇闯的精神，克服守旧观念，突破固有模式，避免“穿新鞋走老

路”，不给后人留麻烦，不给单位留骂声。

以正向激励打破干多干少、干好干坏一个样的怪圈。这激励那激励，用好干部最给力。干部是党和国家事业发展的中坚力量，新时代呼唤锐意进取的“闯将”，而不是出工不出力的“观众”。坚持一线识别干部，鼓励各级组织积极评选担当作为的先进模范，加强对先进典型的学习和宣传，树立鲜明用人导向。引导和鼓励人民群众参与干部评价，让真正有担当有作为的基层干部能够在考评中脱颖而出。完善绩效考核机制，提拔重用长期扎根基层、踏实苦干、贡献突出的基层干部，让想干事能干事者上，让不担当不作为者下。减少不必要的重复交叉考核、检查和评比，让每一次考核结果都得到切实的运用。

以精准问责推动责任落实。有的放矢，不枉不纵，才能维护问责的权威性和公信力，让广大干部在新时代新征程中奋勇拼搏。加强日常监督和警示教育活动，对干部在工作中出现的推拖绕式“躺平”、偷奸耍滑式“躺平”、担心问责式“躺平”和未老先衰式“躺平”等问题，采用谈话、函询等方式及时咬耳扯袖，做到早发现、早提醒、早纠正，防止小问题演变成大问题。对于不珍惜岗位、不愿作为的干部，决不能听之任之，要充分运用监督作用，准确界定职责范围，把“板子”打到具体人身上，该调整的及时调整，该问责的坚决问责，不搞“避重就轻”式问责。坚持问题导向，紧盯干部担当不够、作风不实、执行不力等问题，把案件查办过程中发现的问题同巡视巡察、专项督查反馈的问题整改结合起来，列出清单、实行销号管理，确保整改到位。

以容错纠错护航创业热情。容错纠错机制是锐意进取干部的“定心丸”，也是改革创新者的“保护伞”。一方面，要进一步细化责任判别和认定的标准，明确界定容错范围，根据各部门实际情况列出具体可以容错情形和不可容错的情形，不一棍子打死，让基层干部能够清晰地知道容错标准，有效消除基层干部顾虑，让基层干部感受到容错纠错对于担当作为者的保护，愿意放下包袱，勇敢作为。另一方面，完善澄清保护机制，对被诬告的干部，要予以有效保护，并采取有效方式及时消除负面影响，还其清白；对恶意中伤、诬告陷害基层干部的行为，要依规依纪依法追究责任，情节严重的予以曝光形成震慑，切实为基层干部撑腰鼓劲。

以聚焦短板用力提升能力、增强自信。干部干部，“干”是第一位的。作风好不好，不是看话说得“漂不漂亮”，关键在于事办得行不行。要“充电”蓄力量，砥砺“跑得快”的实干本领，学理论知识，武装头脑、指导实践、推动工作。要提升专业素质和破解问题的能力，针对基层干部的知识盲点、能力短板、经验盲区，建立常态化、多元化、系统化培训，提升基层干部的服务能力和服务水平，让干部愿出力、会出力、善出力。同时，干部的“面子”来自为群众把实事办实、把好事办好的成就感，要让干部在敢于向问题叫板、赢得群众叫好中获得干事动力，将“要我改革”变成“我要改革”，把涉及群众切身利益的事情一桩桩捋清楚、一件件落实好。要有上手的能力、务实的作风，干在工作第一线，置身矛盾最前沿，推动解决“进展缓慢”“项目趴窝”等难题，避免“小事拖大、大事拖炸”。

（杨心怡　郭妙兰）

（本文原载《中国纪检监察》杂志 2021 年第 21 期，收入本书时略有修改）

严查不作为慢作为
用心用情解难纾困

“这个事儿我不太清楚，你去旁边窗口问问，要不下次再来！”近日，内蒙古自治区包头市九原区某窗口工作人员刘某某面对群众询问，不仅不熟悉业务工作内容，甚至一度装聋作哑、推诿扯皮，令群众无所适从。在收到该群众通过智慧监督专区的投诉后，包头市九原区纪委监委驻区政务局纪检监察组及时对这一问题进行处理并向该群众反馈了处理结果。

这次对群众诉求无动于衷、消极应付问题的有效解决，是包头市着力解决“躺平式干部”等不作为慢作为突出问题的一个缩影，也是构建市县联动、运行群众监督体系的一次生动实践。

倾听群众呼声，坚持主动走下去找问题。包头市县两级纪委监委组建走访联系工作组，深入一线访真情、解实难，精准“画像”。通过调研，包头市纪委监委发现有 10 类庸懒散拖问题较为突出：有的干部落实工作上下一般粗，机械式执行上级安排部署；有的干部精神萎靡不振，遇事装聋作哑，对群众反映问题无动于衷；有的干部爱当老好人、和稀泥，随波逐流、随遇而安，当一天和尚撞一天钟，不贪不占也不干；有的干部对待工作敷衍塞责，推一下动一下，甚至推而不动；还有的干部遇到问题左躲右闪，回避矛盾，等等。

为将群众监督模式进一步具象化，包头市纪委监委创新引领各旗县区纪委监委设置智慧监督专区，将这10类突出问题以漫画等形式生动阐释出比划型、说唱型、木偶型、佛系型和太极型等“十型”干部，以及窗口单位服务不优、政府部门失信违诺等8种破坏营商环境行为，让群众对“监督什么”一目了然。

而为了让群众明晰“怎么监督”，盯紧“不好看的脸”，包头市纪委监委推动各旗县区将“我要留言”“邀您监督”二维码等入驻当地政务大厅所有单位窗口，并承诺及时回复处置情况。这种方式不仅拓宽了基层信访举报渠道，而且增强了问政于民、问计于民、问需于民的实效，缩短了问题线索“停在半空”的时间。截至目前，市县两级纪检监察机关共开展专项监督检查316次，发现问题233个，下达纪检监察建议书、问题整改通知书29份，督促整改问题209个。

同时，包头市纪委监委督促市县两级政务大厅全部设立“办不成事”反映窗口，兜底解决群众、企业没办成的事。

此外，全面做实以案促改，督促相关单位认真检视、系统梳理短板，全面深入整改，推动健全工作机制，堵塞制度漏洞。

“为包头有这样暖心的服务点赞！”2021 年国庆期间，在秦皇岛工作的王先生回包头办理不动产过户手续，通过网上预约服务，半小时内就办完了所需的流程手续。随着一大批不作为、慢作为问题被一一破解，“包式服务”成为新常态。兑现“包你满意”的承诺，赢得了企业和群众的认可点赞，成为吸引诸多优质企业来包头发展的“吸铁石”。

（徐丽敏　李　梅　龙　宇）

（本文原载《中国纪检监察》杂志 2021 年第 21 期，收入本书时略有修改）

去基层既要“身入”更要“心到”

“既要‘身入’基层，更要‘心到’基层，听真话、察真情，真研究问题、研究真问题”，在2021年秋季学期中央党校（国家行政学院）中青年干部培训班开班式上，习近平总书记明确要求广大干部经常扑下身子、沉到一线。近年来，许多干部积极到基层广阔天地中经风雨、见世面、察民情，得到了锻炼，增长了才干，获益匪浅、终身受用。但也有一些干部“身在曹营心在汉”，出现“人在基层却浮在面上”等现象。

调查研究“来去匆匆，最后空空”，工作作风漂浮使然

坚持从实际出发，前提是深入实际、了解实际，这就要求掌握调查研究这个基本功。但一些干部依然习惯到基层“匆匆来一趟，草草看一下”。

“几点几分到哪里、参观什么、听谁介绍、停留多长时间、几点几分离开前往下一个地方，都设定好了。”西部某

县的一位基层干部表示，这种作秀式调研，去哪儿都有脚本，看到的往往都是一片莺歌燕舞。有的干部把调研现场当秀场，打几句官腔，摆几个造型，追求报纸上有名、电视中有影。还有的干部假模假式去基层晃一圈，抱一堆材料回来，最后还是闭门造车。一位乡镇干部提道，他时常会接到一些上级部门要求提供材料的任务，“尽量鲜活，有现场感”，方便这些部门在写调研报告的时候写出“已经到现场调研的感觉”。

盆景式调研，看什么只去“示范点”。有的选择调研地点“嫌贫爱富”，不愿意到问题和矛盾多的地方去，觉得那里群众工作不好做，问题难解决，只愿去亮点多、曝光度高的点，中部某县有个“被调研明星乡”一年接待调研数百批次。还有的就算到地方也沉不到一线，只在冬暖夏凉的会议室听听记记，群众说什么，基层干部通常提前“打好招呼”对过词。一位参与过接待省级领导的基层干部透露，入选的群众往往是村“两委”干部、“有觉悟”的党员、“会说话”的致富能人和“不乱说话”的老实人，久而久之，部分人就成了“座谈会专业户”。

沿海一民企员工说自己所在企业几乎每天都有环保、安全方面的专家、领导来调研，每次都是转一圈，简单听听情况介绍就走了。这种蜻蜓点水式调研浮光掠影、走马观花，想当然做个样子，根本没把调研内容当回事。更有甚者把调研搞成了“打卡”，调研行程排得满满当当，到了现场也没心思细看，张口就是“我们时间有限，马上就要去下一个调研地点，请各位挑重要的汇报”。

“调研来了一拨又一拨，但往往是兴师动众来、稀里糊涂走。”还有一种有过程、无结果的烂尾式调研，让群众非常反感。一名基层干部说起，有位领导来村子调研，对群众反映的安装路灯问题，答应帮助协商解决，可是这位领导却忘了，3 个月前他到这里调研时就有村民反映过这个问题。更有的回避矛盾绕道走，看到问题却不深挖原因，不研究措施，如有些地方关于生态环境保护修复工作的调研是做了，污染却是照旧。

这些调研找不准问题、摸不清实情，不利于决策的谋划、制定和落实。基层干部抽出时间来疲于应付一拨又一拨的调研，不仅耗费大量精力，更影响服务群众的工作。

何以至此？有的干部凭经验办事、拍脑袋决策，自认为熟悉本地区本部门情况，而且获取信息的渠道越来越多，不需要亲力亲为搞调研，坐在办公室就可做决策。有些干部囿于单位规定的调研任务被迫下基层，偷懒图省事、报喜不报忧，不愿了解群众所思所盼所求，去调研只是借此彰显自己对基层有多关注。更有些干部作风虚浮飘、担当劲不足，发现了问题也不愿正视现实、不敢讲真话、不能提出解决问题的办法。

基层挂职“走走形式，甘当过客”，精致利己思想使然

随着中央、地方对新选拔任用干部基层工作经历的进一步重视，许多干部积极到基层接地气、办实事，不仅为干部队伍建设注入活力，也为地方发展增添动力。在肯定成绩的同时，个别挂职干部在心态上仍存在一定问题。

某干部反映：“有的人不把心思放在干事上，却对干部选拔任用的规定和条件权衡再三，有针对性地选择岗位‘补齐经历’，只等着挂职期满回原单位升职重用，完全是把挂职当跳板，把‘炼金’当‘镀金’。”这类干部下基层并非本意，希望获提拔才是最终目的。还有的干部为了挂职鉴定“好看”，在短期内快速提升政绩，选择做一些“面子工程”充数，而一旦其返回原单位，这些“面子工程”就难以为继，反而成了基层的负担。

有的干部存在“度假”心理，把外出挂职当作隐形“福利”，既不按时上班，又不认真履职，放松对自我的要求，把交流当“郊游”，形同“断线的风筝”。还有的认为挂职就是去联络感情、积累人脉，成天热衷于跟当地干部打交道，搞小山头、小圈子，编织自己的“权力关系网”，为自己和熟人谋利益，而不愿意和老百姓打交道。

“挂职只是过程，原单位才是王道”，有一类干部将自

己定位为挂职单位可有可无的“客人”，对于如何发挥作用不考虑，怎么参与管理不在乎，把做事当做客。另有一类干部存在“看客”心态，对基层存在的问题指指点点，却把自己排除在外。还有的干部心存无奈：“虽然到基层挂了职，但原单位三天两头以人手紧张为由叫我们回去，想为基层干事也有心无力。”

这样的挂职只有经历，没有磨砺，违背了干部锻炼交流的初衷，不仅挂职干部的能力得不到应有的锻炼提升，还严重浪费了行政资源，在基层干部群众中造成不良影响。

把“挂职期”当成提拔“倒计时”，究其原因，是这些干部一心计较个人得失、盘算个人成长，不是想着从挂职单位学习到什么、为群众做些什么，而是想着能从这段经历中“捞”到什么，可以说是定位错误、精明算计。一些“三门干部”则是畏难畏苦、“水土不服”，不了解基层工作的复杂性，不知道如何和群众打交道，坐在群众身边却走不进群众内心。还有的基层出于对挂职人员不熟悉情况和短期性的顾虑，将挂职干部当作上级派来的“客人”高高挂起，只安排一些辅助性虚职，协管一些无关紧要的工作，致使挂职干部有力使不上。

驻村帮扶"滥竽充数，不谋实事"，宗旨意识淡漠使然

为全面推进乡村振兴，巩固脱贫攻坚成果，中央已明确建立常态化驻村工作机制，持续选派驻村第一书记和工作队。当前，广大驻村干部把乡村振兴作为施展才华、实现理想的广阔舞台，但仍有少数干部没有融入角色、驻出应有的工作状态。

有首打油诗说得形象："干部像候鸟，常往家里跑；白天寻不见，晚上影难找；办事得赶早，晚了就白跑。"这类"候鸟干部"驻村不住村、"走读"上下班，隔三差五回机关溜达。还有的干部则是挂名不出力，一个月也见不到几回人影，中部地区某村干部深有体会："我们村的驻村干部一来，连狗都叫唤，因为不认识他，没把他当自己人。"

除了上述的"名到人不到"，有一种驻村是"人到心不到"。有的干部身在农村、心在城里，驻村一年半载还对村上情况两眼一抹黑，不知道村民们在想什么、期盼什么、需要什么帮助。有的到基层不过是换个地方坐，整天躲在办公室内，把时间花在电脑、表册、牌子、资料上，却不见进村入户。

还有一种表现是"说到做不到"。认真走访了，却"只谈谈、不落实"，登记好台账就当完成任务，如同"过家家"；不主动开拓、畏首畏尾，在各种项目上"等上级"，

在群众事情上“等汇报”。当然也有干部想干实事，但遇到矛盾就打退堂鼓，不愿不敢介入，最终驻村不助村。

这类身在基层、心不在基层的驻村帮扶，不仅严重制约乡村振兴，还疏远党群、干群关系，破坏党和政府在基层群众中的形象。

这里面既有主观认识不到位的原因，也有管理不到位的原因。有的人认为驻村帮扶是“被流放”、升迁无望，带着怨气去上任，思想上自暴自弃、行动上自由散漫，只想“躺平”凑合过，根本没把全心全意为人民服务的宗旨镌刻心间。实施乡村振兴战略是一项长期而艰巨的任务，要遵循乡村建设规律，着眼长远谋定而后动，但有的驻村干部求稳怕担责，为了在驻村工作中不出错误，仍简单重复着脱贫攻坚中的“惯性动作”。某些派出单位想当然认为，干部到基层驻村，管理职权自然也在基层单位，而少部分基层单位则认为，这些驻村干部都是要走的，说不定今后还会成为自己的上级领导，所以对他们的工作也少有过问，这无疑造成了“两不管”的局面，使一些驻村干部偷懒两头混。

指导督办“绕开难点、大而化之”，官僚主义习气使然

指导督办作为推进上级决策部署落地的重要抓手，是为

了查找真正的问题根源，从而进一步改进工作。但在实践中，存在一些跑偏、走样现象。

最为人诟病的是瞎指挥。要么是基层“地皮”还没有踩熟，就盲目地开处方、出点子、定调子，大话、套话一箩筐，分析原因“一二三四”，解决问题“子丑寅卯”，要么是为基层发展、群众致富把脉支招时，措施笼统不精准，张口闭口就是兴产业、送技术等新词儿，成为群众戏称的“游方郎中”“说嘴郎中”。如到基层指导乡村振兴工作时，动辄提议建文化广场、拓宽公路、大搞绿化，不切实际、无法落地。

还有一种现象是躲难点。指导督办不敢动真碰硬，仿佛与被督办单位达成某种心照不宣的默契，让被督办单位自认几个问题，自己再象征性查找几个问题，一拍即合，交差了事，皆大欢喜。有的干部撰写报告点问题不痛不痒，内容千篇一律，报告批量生产，对实质性问题“腾挪闪避绕”，敷衍应付、蒙混过关。

有的干部只指不导、只督不办，习惯当“督军”，把自己撇开，置身事外当局外人。还有的干部无视基层的急切心情，解决问题不顾及时效性，拖沓滞后，甚至没回音。某乡镇干部说：“我们说实话反映情况了，领导们说回去研究，但左等右等也没等来下文。再去请示问意见，就说还在研究。”

指导督办不考虑单位实际情况，提出不切合实际的要求，严重影响基层单位正常工作的开展。在过程中“扎扎实实搞形式”，必然导致基层将时间精力花在给材料“做美容”上，本末倒置。

“人情留一线，日后好相见”，是这些干部的想法。于是，他们将严肃的工作当成做交易、送人情，甚至打着指导督办的旗号办私事、谋私利。有的人到基层指导督办只管“差不多”不管“差多少”，只为向上“好交差”，不怕对下“难交待”，甚至不怕因此“交学费”。有的干部高谈阔论、指点江山，只为了在问题治理中插一脚、分一杯羹，假装出了力，可谓是急于求成博政绩。

破解问题需要多措并举、综合施治

人在事上练，刀在石上磨。要求党员干部“身入”基层更要“心到”基层，为的是深刻理解基层、深入开展调研、深情造福群众，必须克服形式主义和官僚主义，面对面倾听民声，心贴心了解民意，零距离摸清民情，实打实为民办事。

重视基层工作，以历练涵养初心。俗话说：“基础不牢，地动山摇。”基层是党的工作最坚实的力量支撑，也是干部工作的源头活水。要教育干部重视基层、尊重基层，在出台重要政策、作出重大决策前深入基层调查研究，了解和掌握第一手材料。要引导干部树牢为人民谋幸福的初心，正视、重视和珍视基层工作机会，多品尝基层的甜与乐，少抱怨基层的苦与累，在基层一线摔打、磨炼。要鼓励干部发挥聪明才智，创造性开展工作，在基层第一线收获成就感、实现人生价值。

积淀基层情怀，以真心换取人心。心在哪儿，状态就在哪儿；对群众有感情，才能对工作有激情。群众工作与其他工作不同，没有可量化的详细指标，是否用心用情凭的是干部的个人觉悟，用一名基层干部的话说，“这是个良心活”。不论是调查研究、指导督办，还是挂职锻炼、驻村帮扶，都要端正目的，带着为民服务的感情下基层，把群众视为亲人，只有同群众水乳交融、打成一片，群众才愿意掏心掏肺讲出实话和真心话。要端正心态，杜绝“镀金”思想，摒弃“躺平”心态，树立正确的政绩观、进步观、成长观，心怀“大我”、不计得失、甘于奉献。要端正姿势，坚持眼睛向下、脚步向下，“沉”到群众中间、“扎”到基层深处，决不让“从群众中来、到群众中去”的“鱼水关系”异化为“需要时跳进来，不需要时跳出去”的“蛙水关系”。

锤炼扎实作风，以虚心问计于民。正所谓“坐在办公室里都是问题，走进基层就都是办法”，基层让我们了解真相，也给我们解决问题的钥匙。要聚焦治理“难点”、民生“痛点”、政策“堵点”，到基层去“真找问题”“找真问题”，虚心向群众学习、拜群众为师，既让群众反映情况，也请群众提出意见。想群众所想，善用“群众语言”，不打官腔、不说妄语，学会地方话、听懂地方音，用群众的眼光看待问题，知道群众所想所思；急群众所急，发现群众真正的需求，知道群众为什么急、急在哪里，而不是发出“何不食肉糜”的疑问。要摆脱自以为是的盲目自信，尊重基层干部，尊重群众，不能自认为“从上面来”就在能力水平上“高人一等”，要把基层当作大树扎根的原点，而不是蜻蜓点水的触点，提倡不打招呼、不要陪同、一竿子插到底的调查研究，掌握常变常新的基层实际，真正做到“干部脚上有土，群众心里不堵”。

锻造过硬本领，以担当为民解难。是否用心用情倾听心声、用行用力剖析研究问题，检验着党员干部的担当精神和主动作为态度。基层工作千差万别、千头万绪，“没有金刚钻、难揽瓷器活”，这是很多在基层工作过的同志的共同感受，必须不断提高处置问题、协调各方的能力水平。要把心思集中在想干事上，与群众交心、对群众生活关心、为群众利益尽心，凡事多想一步、想深一步，准确把握客观情况，紧密结合当地实际，拿出破解难题的实招硬招。把责任体现在敢干事上，面对困难不“撂挑子”、遇到矛盾不“捂盖子”、遭遇急险不“掉链子”，在攻坚克难中推进工作落实，让群众看到变化、得到实惠。把才气展现在会干事上，善于统筹资源，争取支持配合，与基层党组织拧成一股绳，创造性解决困难，给基层添砖加瓦，而不是添堵添乱。

“身入”更要“心到”

徐光伟　绘

加强考核管理，以实绩衡量工作。干部在基层究竟有没有做到“身入”又“心到”，群众心中自有一杆秤，组织也要加强监督管理，用好考核“指挥棒”。选拔合适的人，将组织需求、岗位需求、干部本人需求等有机结合起来，引导自觉自愿。管好下去的人，统筹好干部下基层的频次，调查研究和指导督办都要侧重质量而非数量，挂职锻炼和驻村帮扶要坚持日常考勤、值班值守和请销假制度等，对个别思想有波动的干部要做好思想政治工作。评好干事的人，科学合理设置干部考核指标，既有规定动作，也鼓励自选动作，充分发挥干部主观能动性，树立鲜明用人导向，多听听群众的评价，给真做事的干部以提升的机会，对走过场的干部不仅要及时召回，还要严肃问责。

（侯逸宁　郭妙兰　沈　叶）

（本文原载《中国纪检监察》杂志 2021 年第 19 期，收入本书时略有修改）

下沉一线解决群众急难要事

自精简报批程序以来，重庆市巴南区服务群众工作专项经费（简称“群专经费”）使用率同比提高26%，解决群众就医上学、就业创业、住房道路饮水等问题2.3万余个，21.6万余人受益——这一成效，正是巴南区巡察干部切实发现并推动解决群众最关心关注、反映最强烈问题的结果。

在十三届巴南区委第十轮巡察期间，巴南区40余名巡察干部下沉到基层一线，通过进村入户、座谈了解、走访调研，广泛收集群众诉求，发现村（社区）工作中存在的突出问题。

在花溪街道屏都社区，区委第五巡察组通过查阅相关资料发现，2017年至2019年期间，划拨给该社区的群专经费仅支出8722.1元，截至2019年10月仍结余70.21万元，群专经费的使用效率很低。然而，该社区老旧小区的群众却反映，屋顶漏雨、下水道堵塞等问题迟迟得不到有效解决。

“群专经费就是为解决群众急难小事而设立的，现在却结余这么多，群众反映的问题又没有得到及时妥善解决，这究竟是为什么？”带着这样的疑问，巡察干部们立即兵分多路，下沉到花溪街道的其他村和社区走访调研。

经过一个多星期的摸排调研，巡察组了解到，一些老旧小区群众反映的问题都是可以通过群专经费来解决的。但群专经费使用边界不清晰、申请程序复杂且耗费时间长，想用这笔钱根本没有那么简单。由于群专经费未能真正发挥作用，群众对村（社区）工作不满，村（社区）干部委屈又难言。

“群专经费使用率低，可能还不仅是花溪街道一个地方的问题。我们有必要了解一下全区的情况，争取从面上推动问题解决。”收集到相关情况后，第五巡察组立即向区委巡察工作领导小组进行了汇报。区委巡察工作领导小组迅速要求在全区 301 个村和社区开展群专经费使用情况调查摸底，结果发现截至 2020 年 4 月，巴南区累计拨付群专经费 1.18 亿元，剩余 5171 万元，使用率仅为 56.5%。

“群专经费审批程序繁琐，使用率低，必须精简报批程序才行。”在深入调研的基础上，区委巡察工作领导小组召开专门会议，直指问题症结，督促相关部门科学合理设置群专经费使用范围和审批程序，避免繁琐的报批程序限制群专经费作用发挥。随后，区委组织部、区财政局对群专经费管理使用办法进行修订，精简预审程序，明确群专经费用途，同时提高村（社区）自主审批限额至5000元，并给群专经费划定“硬杠杠”，规定不得用于村（社区）办公条件改善及办公场所建设等6个方面，确保群专经费主要用于解决群众急难愁盼事项。

该办法修订后不久，花溪街道走马梁社区就顺利使用群专经费47800元，为5个老旧居民点制作共享衣架43根，惠及1000余户居民。“过去，我们小区没有阳台，衣物常常只能‘阴干’，有了这个共享衣架方便了我们晾晒。”面对回访的巡察干部，70多岁的老人吴中秀脸上挂满了笑容。

（李　娟）

（本文原载《中国纪检监察》杂志2021年第19期，收入本书时略有修改）

四、深化拓展基层减负工作

削减文山会海难在哪里

新疆昌吉州卫健委2019年1月至7月下发文件621份，平均每个工作日超过4份，其中478件以白头或便函形式通过QQ群传输下发，大量文件内容就是照抄上级通知，改头换落款、上下一般粗。这一被中央纪委国家监委公开曝光的典型案例，勾勒出变异文山的新轮廓。

文山会海，是形式主义、官僚主义问题中的老大难。党中央对精文减会高度重视，专门将2019年作为基层减负年，集中整治包括文山会海在内的形式主义、官僚主义。2020年4月，中办再次印发通知部署基层减负任务，其中一项重要内容就是防止文山会海反弹回潮。集中整治的效果是明显的，文件、会议数量、时长和篇幅都在逐步压缩，各级特别是基层干部深有感触，给予充分肯定。但大家也反映，基于多种因素，这个问题依然不时反弹回潮，根治祛除任重道远。

文山改头换面，照老样往上垒高

某省一干部诉苦，两个多月处理了455个文件，没有一个周末正常休息过。“看不完的文件、写不完的汇报、填不完的表格。”有基层干部说，“文山高如云，有时被压得喘不过气”。表面看所谓红头文件减少了，但办文工作量并没减下来。

红头变白头。在基层减负的硬杠杠下，“着正装”的文件少了，但“穿马甲”的便签多了。有的原本发红头、走办公系统的文件摇身一变，通过不标注文号、加个便签等形式下发。有的以内部通知、口头指示、电话通知单、工作便函代替下发文件。“这反而更增加了有的单位发文的随意性，前几天上级一个部门一天就发来 3 个便签，并要求上报材料。”西南某地一乡镇办公室主任抱怨：“看都看不过来，还怎么抓落实？”

2019 年 4 月底，中部某省一街道在传达学习上级集中整治形式主义、官僚主义文件精神后，直接把上级文件通知内容“挖”下来再发个文件。这种依然习惯靠发文推动工作，且机械照搬照抄，成为上级“传真机”“复印机”的做法，造成层层都发文。西南某市纪委监委 2020 年在下沉监督走访中发现，有的贫困县对脱贫攻坚存在的问题、待办的事项按类梳理归纳成任务清单，其他县、乡、村层层套用、上下一般粗，不少任务清单内容意见空泛不精准。

2020 年抗疫期间，有的地方社区干部一天要填报十几份繁琐表格，忙到凌晨都填不完，严重挤占抗疫人员的时间。这些表格由不同部门下发，内容基本相同，只是格式、体例稍有差异。有基层干部表示，有的工作数据已经报到上级对口科室了，其他科室需要时不去协调调取，非得再下发表格让他们重新填，消耗了基层大量时间精力。还有重复报材料问题。某县干部反映，当地扫黑办对中央、省、市 3 个层级反馈的相同问题不加分辨，直接转发各单位，要求制作销号清单和佐证材料，扫黑办和本单位各留 1 份，中央、省、市各报送 1 套，5 套材料堆起来都有 1 米高，“表哥”“表姐”真是忙得很！

文来文往多。“周一发文，周二上报落实情况，周三上报下一步计划，周四上报经验总结……”有的部门大事小情总爱下个通知，要求上报书面材料，而且还要的急，下级单位苦不堪言、不胜其烦，逼着下级单位闭门造车、照抄借用甚至凭空捏造，结果是文来文往空转忙、实际工作搁一边。

有的地方减少了文件，却增加了各种工作 App、微信公众号，App 推送、群发微信等成为发文新渠道。南方一乡镇干部大倒苦水：“我手机上 10 多个政务 App，20 多个微信、QQ 工作群，每天要花不少时间浏览群组里的通知，稍有疏漏没能及时处理，就要被通报批评。”文件纸质变电子，使无纸化办公在有的地方异化为干部整天抱着手机、守着电脑的“五指化”办公。此外，有基层干部反映，因为带密级的文件不纳入统计范围，有的地方就把根本没有什么机密的文件定性为涉密文件下发，造成减少发文数量的假象。

会海改头换面，变着法往里注水

与文山情况类似，不少干部反映，2019 年以来大会确实有所减少，但是各种小会或改头换面的会依然很多。不是在开会，就是在去开会的路上，是不少干部的工作常态。

在开会问题上，不少地方上有政策下有对策。大会套小会——把几个本不相干的会议硬绑到一起套着开，会完还有会，用拉长会时补上减少会数，“失之东隅、收之桑榆”。改头换个样——有的地方正式会议减少，但各种专题会、推进会、研究会、现场会多了起来；有的减少了周例会、月总结会，却增加了周小结、月汇报，新瓶装老酒、换汤不换药。变个时间来——有的地方因为周一到周四是无会日，于是把会议放到周末或下班开，堤内损失堤外补、正课不行课余搞。弄虚作假也要开——有的地方在会议统计口径上做手脚，规定业务会、区县级别以下的会议不做统计，面上有变、里子照旧，变换花样继续开。

拉人陪会陪坐开。请领导陪会，有的基层单位把会场变成领导秀场，不管开什么会，主席台座无虚席，似乎领导越多就越重视，会议就越重要，导致领导班子成员每天连开会都应付不过来。逼干部陪坐，有的地方领导喜欢“摆排场”，觉得参会人越多，越显自己有威信有面子，于是一些不相干的干部被强行要求参会，业务工作闲置一边。在一些地方会议现场，经常发生台上领导强打精神、照本宣科，台下听众哈欠连天、不知所云的现象。

有的地方同样内容的会议特别是视频会议，参会人员已经一竿子打到底了，却上面开了下面接着开，甚至马上还要开小会进行讨论，导致基层干部重复参加，甚至赶场开会。各级层层重复开，让干部天天泡在会海里，没有时间钻研业务抓工作。“有些文件明明政府网站上已经发布了，仍要层层开会传达，用传达代替落实。”西南某省一名干部抱怨，由于传达会繁多，手头工作时常被打断，业务学习更无从谈起。

实践中还有一种现象，那就是会议当作表态开。一些领导干部不论事情缓急，上级会议结束后，自己未必完全理解领会会议精神，就兴师动众、连夜开会传达，以显示“高度重视”“行动迅速”，实质是把开会当表态、以会议贯彻会议。有的上级部门提出“传达不过夜”要求，下级无奈只好执行。中部某省一乡政府召开扶贫会议，乡党委书记要求各村迅速向群众传达会议精神，村干部们傍晚回到村里，就召集村里的留守老人晚上开会传达，村民对此怨声载道。

内外情形逼使，文山会海屡禁不止

对文山会海，不少党员干部抱有一种“臭豆腐”心理。文山会海耗费精力时间，导致想干事却难成事，不少人说起来厌恶痛恨，做起来却“情不自禁”沉溺于文山会海。

政绩观错位是根源。有的只唯上，追求形式上的轰轰烈烈、声势浩大，文越发越多、会越开越大，就为让领导看见、吸引上级注意到；有的急功近利，只顾来得快的面上“政绩”，不顾需下大力的里子实绩，急于向上邀功请好，实际比的是谁会开得最快、材料报得最早；有的图省事，把开会发文和落实工作画等号，觉得会开了、文发了，工作就算落实了，对上级也有交代……结果是“开会不过夜、过夜不落实”“发文一大堆、没人具体抓”。

在失责必问责的大背景下，担心上级精神传达不到位被追责问责，于是一些人就把“退避三舍”的“保险观”作为开展工作的不二选择，使“省劲稳妥”的文山会海愈演愈烈。他们认为，只要开会发文布置了，不管落实与否，跟自己就没关系了。因此，不担责、怕追责、向下推责是文山会海的另一病根。现实中我们看到，有的凡上级指示、精神和要求，不管轻重缓急、实际情况、能否落实，一律靠文件会议把任务层层分解、责任层层下推。不少基层干部反映，他们承担了大量本该由上级部门干的工作，出了问题还要背锅，极大影响工作积极性。

有人搞文山会海是为了“政绩”和推责，也有人是能力不足。一些干部身子进入新时代，脑袋还停留在过去式，开展工作的方式方法单一陈旧，惯用开会发文的方式开展工作，除此之外便束手无策、“抓瞎”茫然，一说干工作就是多开会、开长会，发“形式大于内容”的文，心里才踏实、认为这就行。这种路径依赖，难免产生一面反对文山会海、一面又搞文山会海，一个问题消弭、另一个变种又生的怪象。

留痕式检查评比推波助澜。有的地方督导检查、考核评价表面化，重被检查单位工作留痕，而不重实绩，把“有没有开会发文”作为重要指标，甚至以留痕论英雄。某县一名干部反映，一个不到 10 人的无审批权、非执法单位，年度考核普法、禁毒、平安创建、创文创卫、乡村振兴、精准扶贫等有关会议文件记录纸一张不能少。

既当运动员又当裁判员，整治效果难以令人满意。整治文山会海主体责任在各级党委，党委办负责协调推进，有的自我革命精神不强，自己对自己下不了手；有的在处理时顾忌领导，因为开会是领导批准的，文件是领导签发的；有的思想上不重视，认为多发个文、多开次会不算什么，甚至借口认定评判难，睁只眼闭只眼，处理问题高举轻放、网开一面，致使文山会海落落起起。

上收下紧整治，从根上挖掉病灶

治理文山会海这个痼疾顽症，要像纠正享乐主义、奢靡之风问题一样抓好“常”“长”，治标与治本结合，打好持久战。

从领导机关做起，坚决把规模控制住。2019 年党中央、国务院发文数量都比上年减少 30%以上，中央和国家机关文件和会议分别压缩 39%、33%，实现了年初提出的目标。对于 2020 年精文减会目标，党中央明确强调“确保比 2019 年只减不增”。这是硬指标、硬杠杠。削山填海是一项重要政治任务，党中央率先垂范、作出榜样，各级党委（党组）要对标对表，提出年度量化目标，在工作中坚决把住文件会议数量关和规模关，从源头上收缩、严控，避免上行下效、后墙松动。

在控制规模、设定上限的基础上，还要把数量压下来，关键靠建制度立规矩。要建立不断“瘦身”的发文办会年度计划制度，能不要的坚决不要，非必要的一般不要；同时严格执行计划规定，不开口子、不搞例外、严禁突破，确保会议文件数量逐年压减。要上收发文办会审批权，进一步规范、严格报批程序，由主要领导“一支笔”审批，对会议文件数量规模进行统筹把控。要取消部门、单位内设机构发文办会权限，严控对下属单位正常工作过度干预影响，严防随意发文、任性开会。要定期核减导致文冗会多的制度规定，该修订的修订，该废止的废止，不给热衷办文开会的人钻制度上的漏子。

徐光伟　绘

长期以来，文山会海“治一治就好转，松一松就反弹”的现象告诉我们，防止问题反弹回潮十分重要，必须加强日常监督管理，长盯不放、久久为功。先要调整责任主体，单独委托第三方或几个部门联合负责整治，把运动员和裁判员这两个角色分开。再要压实责任担当，通过明察暗访、抽查约谈、纪检监察建议等有效措施，把责任细化到人，防止推诿甩锅、抓而不实。还要明确问题标准，制定并优化细化负面清单，提高文山会海问题辨识度，把发现难、定性难问题破解开。接着要纳入日常监督，纪律监督、监察监督、派驻监督、巡视监督要盯住不放，同时充分发挥人大监督、民主监督、舆论监督、群众监督重要作用，相向而行、共同发力，让文山会海无处藏身。最后要严厉查处问责，对不落实制度规定，开无效会、发无用文的严肃追责，在处理反弹回潮问题上零容忍、动真格，让违规违纪者长记性，让心存侥幸者断了念头。

攻坚不易，守成更难。必须站位推进治理能力和治理体系现代化，健全完善导向科学的考评体系，持续转变领导观念和方式，坚决巩固拓展精文减会成果。要重实绩轻痕迹，考核评价注重了解工作实际成效，引导党员干部端正政绩观，破除“开会就是落实、发文开会才是重视”的思维惯性。重本领轻表态，既要看干部怎么说，更要看做了什么、做得怎么样，注重考察干部实际能力水平，坚决把擅长花拳绣腿、实质驴粪蛋子表面光的排除掉。重民意轻官评，尽可能多征询普通干部群众意见，相信一个整天就想着开会、摆弄着发文的人，大家的评价不会好到哪里去，引导各级领导多深入基层、沉到一线干事创业。

（张国栋　乔子轩　宋全浩）

（本文原载《中国纪检监察》杂志 2020 年第 14 期，收入本书时略有修改）

发文数量年年增多
这个乡镇党委被通报

2016 年至 2018 年，河阴镇党委、政府一年所发各类文件从 255 份增加到 408 份，简报从 73 期增加到 118 期。

2019 年 4 月，青海省海南藏族自治州贵德县委巡察组在河阴镇开展巡察，发现镇党委、政府存在文件简报大幅增加等形式主义突出问题，及时向贵德县纪委监委反馈。

贵德县纪委监委立即派出专人核查。更多问题浮出水面。2016 年，河阴镇党委、政府累计发文 255 份，简报 73 期；2017 年，镇党委、政府累计发文 352 份，简报 105 期；2018 年，镇党委、政府累计发文 408 份，简报 118 期。此外，针对县委下发的多份文件，镇党委选择将文件套个文头简单一转了之，没有对上级精神深刻领会贯通，并结合当地实际情况作出具体安排，工作只是体现在纸上留痕，制造工作做得多、做得实、做得好的假象，实际上无法推动基层工作。在河阴镇党委机关工作的某干部坦言，大部分时间都用在撰文发文上，做任何一件简单的事都要报送简报，工作日晚上和周末加班处理文件更是常事。

随即，贵德县纪委监委对该镇党委副书记进行了谈话提醒，并责令向县纪委监委递交了书面检查。2019 年 10 月 15 日，河阴镇党委在全县范围内被通报批评。

结合河阴镇存在的问题，贵德县纪委监委在全县开展形式主义、官僚主义集中专项整治行动，对形式主义、官僚主义问题线索进行大起底，积极发挥信访主渠道及巡察利剑作用，采取交叉暗访、联合检查、随机抽查等多种形式，针对性地摸排问题线索，快速发现问题，加大查处力度。

近日，贵德县纪委监委对河阴镇整改落实工作进行了回头看。河阴镇在制定整改方案的基础上，以召开专题民主生活会等形式，要求领导干部到基层一线去，能现场解决的问题现场解决，能提出解决方案的当场提出，切实缩短办事时间，提高工作效率。同时，河阴镇党委、政府结合实际制定了《河阴镇发文管理制度》，严格执行签发流程，进一步提升发文质量，控制发文数量。数据显示，2019 年，河阴镇党委、政府上半年累计发文 190 份，全年共发文 319 份，比 2018 年全年同比减少 21.8%。2020 年上半年，河阴镇党委、政府共发文 101 份，比 2019 年同期减少 46.8%。

（王生霞）

（本文原载《中国纪检监察》杂志 2020 年第 14 期）

工作不到位　填表来整改

新冠肺炎疫情发生后，江西省龙南县纪委监委立即按照派驻机构抓行业、乡镇纪委抓属地的模式建立疫情防控日常监督网。同时，县纪委监委派出精干力量参加县里的专门督查组，对疫情防控应急指挥部的命令落实情况进行重点督查。

2020 年 2 月 3 日农历正月初十上午，督查组组长张晓疆带队来到业务量较大的金水大道加油站开展督查，发现这家加油站并没有按规定进行消杀。督查组事先了解到，根据疫情防控应急指挥部下发的通知，要求各加油站对油枪、圈存设备等频繁使用的物体表面每隔 1 小时进行擦拭消毒或取消自助加油改用专人加油，每天定时进行一次全面消杀。县商务综合行政执法大队负责督促全县加油站落实这项工作。一方面，督查组将这一要求再次告知加油站负责人。另一方面，督查组在相关工作微信群内通报了这一问题，要求县商务综合行政执法大队加强督促指导，让疫情防控措施落地生效。县商务综合行政执法大队也承诺立行立改。

昨天发现的问题整改情况如何？第二天，2 月 4 日，督查组决定对全县加油站落实消杀情况进行回头看。这一次，督查组选择了县城另一个业务量较大的加油站——新都加油站。

张晓疆单刀直入提问：“疫情防控应急指挥部对加油站防疫工作的具体要求，你们做到了吗，是怎么做的？”

“都做了。”新都加油站工作人员拿出了一沓表格，“你们看，这里有《加油站工作人员体温测量表》《客户登记表》《每小时设备消毒记录表》《每日定时卫生消杀工作台账登记表》《加油枪、圈存机、键盘等设备消杀工作台账登记表》，每项工作我们都记录了作业人和作业时间等信息。”表格事项与督查组要核查的问题一一对应。这个加油站的防疫措施看似全部落地，万无一失。

再一细看，督查组发现了问题。《每小时设备消毒记录表》和《加油枪、圈存机、键盘等设备消杀工作台账登记表》，这两张表登记的都是消杀信息，除了表格版式有所不同，内容完全一样。

张晓疆发出了疑问：“统计的内容都一样，为什么要填两份？”“《每小时设备消毒记录表》是县石油公司要求填写的，《加油枪、圈存机、键盘等设备消杀工作台账登记表》是昨天下午新增加的，县商务综合行政执法大队要求填写的。”加油站工作人员解释说。

“为什么新增加了这个表？”“听说是因为金水大道加油

站没按指挥部的要求进行消杀，昨天上午被通报了，所以县商务综合行政执法大队昨天下午开始要求我们填写这个表。”“除了要求填表，县商务综合行政执法大队是否对加油站的消杀工作提出其他的要求或者进行指导？”“没有，就是发了表格要求填写，来来回回都是这些内容。他们来检查的时候也只看表，就算我们没时间按照要求消杀，但表格上一定要这么填。”说起表格，加油站工作人员也是一肚子的苦水。

督查组立即将问题反馈给疫情防控应急指挥部，并提出建议：在不增加基层负担的情况下，优化表格，做好疫情防控监督与指导工作。

随后，疫情防控应急指挥部将问题移交县纪委监委。2月8日，县纪委监委派驻第七纪检监察组对县商务综合行政执法大队大队长谢才荣进行提醒谈话。经督促，县商务综合行政执法大队与县石油公司协商一致，把内容重复的表格优化合并。同时，两家单位联合研究制定了疫情防控指引，细化措施、明确要求，删减不必要的材料报送，让全县加油站的工作人员把精力放在保供应和疫情防控上。

（王　君　甘士莲）

（本文原载《中国纪检监察》杂志2020年第14期，收入本书时略于修改）

一拨拨检查督导让基层苦不堪言

2019年，中央和国家机关督查检查考核事项从近900项大幅压缩至96项，实际开展88项……数据表明，督查检查考核过多过滥问题得到强力遏制。但是，冰冻三尺非一日之寒，作为形式主义、官僚主义的重要表现形式，这个问题治理不可能一蹴而就、一劳永逸。基层反映，产生问题土壤并未完全铲除，新老问题相伴而生、表现形式由明转暗、实际数量不减反增等在一些地方不同程度存在。

条线交错、多头重复检查，想一出是一出，亟待加强统筹管控

名目繁多、过频过细，动辄则督。一家单位一年要迎接多少项检查？东部某省一街道粗略统计，2019年共有工业、文教卫、城建等14条线79项。而西部一乡镇干部则反映，平均1周至少有1次上级督查检查，“甚至出现一项督查检查还未应付完，后面的督查检查已在工作计划中”。这里面有些督查检查内容重合，人员是一拨拨来，要求是大同小

异，实质是重复验收。

特别是在新冠肺炎疫情防控中面对重大疫情冲击，一些地方仍在沿用惯有的多头检查方式，既干扰了疫情防控，更疏远了干群关系。有社区干部反映，在卡点值班 12 小时，接待了 3 批督查组，得罪不起不能不陪、不在哨位放心不下。这种想一出是一出的随意性检查督导，占用了基层大量时间和精力，实际效果可想而知，令人反感倍受诟病。

重复扎堆检查，背后暴露出许多问题。首先是执行制度不严，中央对此三令五申，中办 2020 年 4 月印发《关于持续解决困扰基层的形式主义问题为决胜全面建成小康社会提供坚强作风保证的通知》，对此专门强调要求，而一些地方虽然也制定了相应制度规定，实际工作中却放在一边置若罔闻、想怎么办就怎么办，年度计划和审批报备制度形同虚设。其次是统筹规范不够，存在“临时动议、想到哪就到哪”的问题，比如某省住建厅在精准脱贫专项行动中部署工作草率，在 2 个多月时间内仅此项工作就先后 4 次发文更改工作要求、表格内容和上报时限，令基层无所适从、加重负担。还有，就是管理执纪不紧，规章制度搞了不少，没有人监督执行情况，即使发现问题也熟视无睹或一掠而过，致使犯律者、破窗者迭出等原因不一而足。

止住督查检查过频过滥问题，关键是一个“控”字，先得把数量规模控制住、压下来。从思想认识抓起，站在增强“四个意识”、做到“两个维护”的政治高度狠抓治理工作，强调对标对表、向中央看齐，教育引导党员干部讲政治、讲规矩，思想上高度重视，行动上紧紧跟随，确保党中央有关要求落到实处。从滋生源头抓起，上收核准权限，发挥党委和一把手抓总统筹的作用，严明制度规定，在严控总量和频次的前提下制定年度量化目标，遇到计划之外的事项又确有必要开展的，严格执行一事一报，确保审批流程切实规范起来。从“打包”合并抓起，由党委牵头强化事前统筹协同，同类事项合并进行，涉及多部门的联合组团，“将多条线整合进行，如文明城市创建与城乡环境整治放在一起督查考核，疫情防控措施落实监督检查与复工复产、三大攻坚战、基本民生保障同步推进”，不搞部门“单打独斗”，防止重复扎堆，确保“瘦身”真正实现。从强化监督抓起，杜绝事前不抓、事中不问、事后不管的现象，严控规模数量、严格程序管理、严实查证考评，确保把全流程都监管起来。

纸上作业、过度留痕检查，沉湎老办法老路数，亟待在求实效更便捷上下功夫

一条宣传横幅上充斥着十几个关键词：防范新型电信诈骗、治安防范、安全生产、食品安全、房屋结构安全整治

等。东部某省一乡镇干部解释说，这是他们应对过度留痕检查想出来的“妙招”，由于挂横幅的空间有限，只能将多种检查的关键词集中打在一条横幅上。

重痕不重绩、留迹不留心，是大家经常看到的检查督导问题表现。有的只看台账不去现场，到了下面听听汇报、看看表册、翻翻记录，就算完成任务、考评合格。华南某县干部反映，上面检查只是要求基层提供带红头盖公章的纸质会议通知、相应的配套文件，就认为工作作了部署抓了落实。有的走经典路线到现场，要求地方提前规划好督查检查考核的路线和看点，省心省力看盆景，到点先定位拍照，无异于让参加考试的考生自己出题目。有的到了现场走马观花，流程刷卡走到便大功告成、打道回府。这种盆景式展示、游玩式检查，对于推进工作毫无实际意义，结果甚至会背道而驰。

热衷看报表、材料、展板、模型，症结在于思想懒惰图省事，觉得基层报给自己任务成果，走个过场查一查看一看就行了，没必要费太多的心思和气力，只管“好做”、不管“做好”，这种做法还被美其名曰“相信一级组织”。还有就是办法路数不多，一些地方和单位一说下去指导工作，脑子第一个就蹦出来的是开会、发文、检查，要求基层悬挂标牌、上墙制度、准备台账，显得套路单一、古板守旧、缺乏创新、严重滞后，举措缺少针对性，效果也乏善可陈。

破解检查督导中的“唯报表论”“痕迹主义”，关键是突出一个“实”字，一切向实看、工作往实走。一要改考评标准，破除惯性思维，纠正机械式做法，不得随意要求基层填表报数、层层报材料，不得简单将有没有领导批示、开会发文、台账记录、工作笔记等作为工作落实的标准，引导各级摒弃走秀式检查，实实在在去开展工作，减少对纸质档案材料等所谓“硬杠杠”的内容依赖。二要改去向要求，安排多跑点少跑面、沉下去坐得住，特别要到推动重大决策部署落地的关键地区去，到容易发生问题的部门去，督在关键、查在要害；强调多去现场少听汇报，亲自去看切身体验，“提倡‘静悄悄’督查检查考核，不要求专门准备材料，不预设路线，多与承办同志面对面交流”，掌握实情、精准指导。三要改方式方法，借力新技术，探索运用“互联网+督查”，让数据多“跑腿”，让干部少“跑路”，力求在更便捷上下功夫，既提高督查考核质效，又切实减轻基层负担。

急功近利、浅尝辄止检查，热衷刷存在感，亟待把责任压实谁的担子谁来扛

2020 年疫情期间，东部某省一用作隔离的酒店发生坍塌事故后，所属地区的职能部门纷纷到集中医学观察点看情

况。一乡镇干部反映，“两天时间我全用来接待检查组了，有一部门在门口拍了照片就走了”。像这种一窝蜂刷存在感的督查检查考核同样令基层干部头疼反感。有的爱扎堆，多套人马轮番登场，露个脸出个镜签个到，表示来过了出什么事与自己无关。有的频加码，把上级文件改个头换张脸就“照发不误”，为了突出重视，还脱离实际盲目将标准层层加码。“中央要下来督导检查前，省里先下来一趟，省里下来之前，市里先下来一趟，同样一套材料要复印好几份，抠字句、捋程序，不挑几个毛病不罢休，不如此似乎显示不出水平，实际上事还是那个事。”有的催得急，西部某省一干部说，有些职能部门今天下发文件，明天就要报数据、要结果，只管出题点题，不管答题解题，项项都要落实，个个都要抓紧，使得基层应接不暇、不堪重负。

这种急于表现、争功于己，究其根源还是：唯上不唯实，为给领导留下好印象，力求通过速度而不是质量赢得上级认可，还有的为了好向上交差，拿着基层现成的资料、加工过的成绩单说事，认为自己掌握了情况，让上级看到自己忙碌的身影，对上级有个好交代。走秀图省事，下基层坐在车上转，隔着玻璃看，只看“门面”“窗口”，不看“后院”“角落”，怎么省劲怎么来，狂刷一波存在感，目的不纯、状态不佳，群众说是“调查研究隔层纸，政策执行隔座山”，而一些下级单位也对上级的这种检查暗地里欢迎，认为可以多接近领导，借机表现，也容易检查过关，“各自小算盘拨得山响”。“甩锅”不担当，有的职能部门扛着关口前置、重心下移的大旗，在工作任务下放到基层的同时，搞起了周汇报、月考核和季督查，把工作责任一并下移，以属地管理为由搞责任“甩锅”。

功利主义行为屡禁不止甚至大行其道，必须痛下决心予以整治，把各级应该承担的责任压紧压实。明确责任主体，厘清上下级、部门与部门之间的职责权限，突出“谁主管、谁负责”“谁负责、谁来干”，把工作“责任状”压给该担责的单位部门。完善考核指标，规定工作完成和考评时间节点，不能工作刚安排就督查检查、刚部署就进行考核，要求多见具体事，少一些走过场，不能只看表态，更要查验工作实效，给基层留出干事创业的必要时间、树立求真务实的政治氛围。描准问题画像，制定并细化负面清单，通过“基层点题”等方式，提高急功近利检查问题辨识度，把发现难、定性难问题破解开，以利及时发现问题、督促整改落实、惩戒害群之马。坚持“终身负责”，对单位部门所出具的检查报告由其领导和具体办事人终身负责，出现问题不因时间、岗位和职务变化而免责，通过树立真追责、敢追责、严追责导向，倒逼党员干部端正政绩观，履好职尽好责。

提要求多、解难题少检查，不愿较真碰硬，亟待向破题帮扶转变

“在脱贫攻坚工作中，上级到基层督导了解情况，基层如实反映自身无法解决的问题，希望得到上级的支持和帮助，解决该问题。没曾想，上级在反馈报告中将基层反映的问题反转回来，要求我们在规定时间内解决。这样的操作让基层反感，也心寒。”西部某乡镇党委书记无奈地说。

实践中，我们看到这样一些检查组：对问题没办法，下车颐指气使，这也说不行、那也看不惯，但一涉及具体解决问题就装聋作哑、大而化之，拿不出什么举措办法来。见难题绕着走，揣着明白装糊涂，讲一通政策、提一些原则，点个到即可、拍屁股走人，就像有的基层干部抱怨的那样，抗疫初期督查组来了一拨又一拨，但是没有一个组给他们带来最急需的口罩。出问题打基层，基层干部评价为“安排工作不考虑基层实际，出了问题就一棍子打死，不问青红皂白打出一套督查、通报和问责的组合拳”，如此导向下，逼得基层想方设法把问题藏起来。

上述现象追根溯源，一是老好人思想作祟，不愿较真碰硬得罪人，实在躲不过就避重就轻，“大问题不查，小问题来凑”。二是素质能力缺失作梗，面对基层最急需指导的地方和最急需改进的问题无办法、没招数，只能视而不见或打马虎眼，盯住

报告材料表述中有“逻辑错误”“格式不规范”等无关痛痒的小问题较劲。三是揪小辫子心理作怪，中部某省一基层干部认为，“为了发现问题从而问责干部，认为这样才能体现督查组的作为，没有发现问题就是督查组工作不认真”，并非把促进工作放在第一位，而是注重把形式走到位。

面对这些问题现象，要坚持问题导向，衡量检查督导工作，必须看看发现多少问题，是否一针见血、真实可信、见人见事，要把自己摆进去、从自身查起，手电筒先照向自己。要坚持目标导向，紧紧围绕阶段性中心任务，看看是否针对基层迫切需要解决的难题开展工作，对已经落实的要跟踪问效，对正在落实的要督促进度，对尚未落实的要查明原因。要坚持效果导向，结合工作安排和行程，看看到过多少地方解决多少问题，所提意见建议是否找准病灶、切实可行，利于促进问题解决和推动决策落实。同时，对发现的问题，尽量以实地“回头看”代替整改报告，避免整改落实写在纸上、流于形式，切实做到中央要求的“从一味挑毛病、随意发号施令向既发现问题又帮助解决问题转变”。

改头换面、暗度陈仓检查，品味“领导”权力、衙门威严带来的快感，亟待破除当官做老爷的思想顽疾

借“调研、座谈、观摩”之名行检查之实，也让基层

苦不堪言。有的换“马甲”，督查检查组改叫“调研组”，不发文改以电话通知进行；有的脱“外罩”，红头文件改“白头”，行事更方便、要求更随意；有的改“名字”，考核变排名、排名变通报。“排名有时比考核还过分，有的指标每月排名，还发给主要领导，这不要人命！”西部某乡镇干部对此抱怨说。从实际情况看，一些地区接受“调研”任务依然很重，给基层发文提要求数量并无实质下降，只不过从明面转“地下”，问题并未得到根本扭转。

为何不惜费劲玩概念搞包装，也要去督查检查？主要是官本位和特权思想在作祟。一些干部和部门带有明显“官老爷”做派、“衙门作风”，出门派头十足，“一朝权在手，便把令来行”，不如此便觉得浑身不自在，到下面还要求主官出面陪同接待，让基层迎来送往疲于奔命。再者，督查检查过程中自由裁量空间大，决断在己，可以彰显“自我价值”，背后折射出权力的任性。此外，法不责众，风险成本不高，打着督查检查考核“大家都这么干”“我也是为了推动工作”的旗号，即使上级查了也比较容易蒙混过关，怀有较强的侥幸心理。

构筑起抵御官本位和特权思想堤坝，要立严规，按照中央的有关通知要求，制定本地区本部门相应规章制度，上收审批权限，不能想下去就下去，先给督查检查的“脑袋”套上紧箍，让相关整治工作有规可依、有章可循。要盯住人，紧盯本地区、本部门“关键少数”，谁没有十分必须事项擅自“下基层扰民”，就严厉查处谁，分管领导也要承担连带责任，让干部“安分守己”懂规矩，不敢随心所欲想去哪儿就去哪儿。要管住事，对于检查督查持审慎态度，大力压减数量规模，能不去的就不去，切实简化工作流程，能不陪的就不陪，少跑面多跑点，深入下去掌握实情、解决难题，坚决杜绝重复性检查督导，让基层腾出更多时间干事创业，与基层合拍同频共谋发展。

（杜晓光　郭妙兰）

（本文原载《中国纪检监察》杂志 2020 年第 22 期，收入本书时略有修改）

数量减下去 质量提上来

廖鹏翔是广西壮族自治区柳州市鹿寨县四排镇党委书记，过去他曾为要用大部分时间应对上级部门的各种督查考核而苦恼。“一收到督查考核的通知就精神紧张，工作台账、笔记一定要整理好，绝对不能因为台账疏漏被扣分、通报。”作为镇党政领导干部，凡是有督查检查考核，他基本都要陪同接待。

现在，这样的督查考核逐渐少了。“督查组什么时候来我们都不一定知道。”廖鹏翔说，“大部分督查考核以暗访形式进行，直接到项目现场找干部、到村里问老百姓，更看重实际成果。督查组发现问题后反馈给镇里，并指导镇里整改、解决”。

这样的转变，得益于柳州市近年来持续深入推进为基层减负各项工作措施落实落细，加强对督查检查考核事项的计划管理，健全范围明确、运转高效、监督有力的市级督查检查考核统筹、规范运行机制。柳州市委督查和绩效考评办公室负责人介绍，该市出台的《柳州市整治困扰基层的形式主义突出问题持续为基层减负若干工作措施》中，明确提出严格控制市级督查检查考核事项和绩效考评事项数量、持续改进督查检查考核方式方法的工作要求，以实现督查检查考核“三个转变”，即从重过程向重结果转变，从以明查为主向明察暗访相结合转变，从一味挑毛病、随意发号施令向既发现问题又帮助解决问题转变。

“组织工作内容多，但我们有决心做好‘减法’。”柳州市委组织部负责人介绍，市委组织部在规范考核方面，主动整合或减少督查检查考核数量，目前，由该部门牵头的 14 个督查考核计划，已有 13 个整合为多部门联合督查考核。2020 年，柳州市督查检查考核事项从 51 项压缩至 39 项。

“进一步建立健全范围明确、运转高效、监督有力的市级层面督查检查考核事项统筹规范工作机制，避免多头督查、重复检查，切实减轻基层负担”，是柳州市《统筹规范市级督查检查考核事项实施细则》的重要内容。如今，柳州市各市直部门单位、议事协调机构在开展督查检查考核事项时，突出督查检查考核工作实绩和成效，多采取“不发通知、不打招呼、不听汇报、不用陪同接待、直奔基层、直插现场”的方式开展工作。通过运用“互联网+督查”，充分利用大数据、云计算等信息化手段提高督查检查考核的质量和效率，让数据多“跑腿”、干部群众少“跑路”。

“老乡，你的房子还浸水吗？修整后满意吗？”“这段时间下了几场大雨，没有发现浸水了，我很满意。”近日，柳州市纪检监察干部深入融水苗族自治县易地扶贫搬迁安置点回访督查，了解搬迁户房屋浸水修补落实情况。

2020年以来，柳州市纪委监委坚守疫情防控等重要节点，紧盯薄弱环节，进一步畅通网络、手机等群众举报渠道，通过明查暗访、专项督查、“大数据”核查等方式，科学精准稳慎开展监督检查。在开展扶贫领域腐败和作风问题专项治理“决战行动”工作中，在融水苗族自治县、三江侗族自治县两个未脱贫县设立“决战行动”前线指挥部，以“户”为单位精准作战。依托国家扶贫开发信息系统大数据平台，针对两个县3220户13565人的扶贫信息，按照不低于10%的抽查比例，采取“电话访谈+入户走访+实地核查”模式，聚焦贫困户各项信息数据是否真实准确、帮扶工作是否精准有效以及扶贫专项资金是否落实到位，强化监督检查和督查督办。

“要督准、督精、督重点，多到现场看、多想具体事、多听群众讲，才能真正做到让基层减负不减责，减负不减质。”柳州市委常委、市纪委书记、市监委代主任王永超说。督查检查考核工作不仅要能全方位、多角度发现决策部署落实过程中遇到的问题和难题，而且要能深入分析问题产生的原因和根源，从而找到病灶，促进问题解决和推动决策落实。纪检监察机关更重要的是要提高政治站位，增强政治敏感性和政治鉴别力，把监督检查的工作重点放在协调、帮助、推动地方、部门抓好决策落实上，坚决整治形式主义、官僚主义问题，坚决纠正过度留痕、层层加码现象，让广大基层干部把更多精力投入助推经济社会发展一线工作中。

（韦荣荣　雷媛媛）

（本文原载《中国纪检监察》杂志 2020 年第 22 期，收入本书时略有修改）

靠“资料秀”怎能干好工作

装帧精美考究犹如书籍、排版图文并茂媲美画册、遣词造句更是对仗工整堪称美文，如此“形式美”的背后，却是创新没有干货、落实浮在表面。考核资料、情况汇报等各类资料过分追求美化和包装，工作过度留痕等“资料秀”现象令基层干部苦不堪言。有些基层干部开玩笑说：“工作干得好，不如资料整得好。”“每一次检查累死一批准备资料的，救活一批印刷公司。”徒有华丽包装的“资料秀”是“假作为”的典型表现。结合事例与案例，我们透过现象分析其本质与危害，探寻精准施治的“药方”。

现象一　作“显”秀，绣花枕头，“有粉擦在脸上”

过度精细化。有的在贯彻落实党中央决策部署上过度留痕，先拍照再干活、重复填报各类表格、层层书面上报，以表面的精细来证明工作的完美；有的只顾对细枝末节进行好看的“外包装”，至于落实情况如何却无人细究，实际是金玉其外，败絮其中。某地基层干部告诉记者，他们为备战迎检工作，把工作资料做成立体书，还设计 logo，精心制作视频，一个几分钟的视频就要花费 8000 元，迎检沦为了设计大赛。

盲目数字化。下乡先找信号通过手机签到，每天登录 App 打卡留痕，花费大量精力回复各种“微信工作群”……本应使基层干部工作更为便捷的各种数字平台，反而变成了压力来源，致使某些干部无奈之下做起“表面文章”。如在脱贫攻坚期间，某些地方要求基层干部每天都要登录扶贫 App，用一张和贫困户的合影打卡，某些加班的同志为了能打到卡，只能让同事去贫困户家代拍，再把过去的照片加工合成后上传。

无序场馆化。随着乡村振兴发展日益推进，村史馆、村文化长廊、脱贫攻坚纪念馆等村级文化场所如雨后春笋般冒出，但有些却陷入了形式主义的泥淖，对本村乡土元素、历史文化的挖掘少，领导照片、政绩展示、文件摘抄却挂了满墙。还有的地方搞“装修秀”，想宣传哪项工作就开辟场馆进行相应装修。更有甚者，还做起了“色彩秀”：突出基层治理就把屋子刷成蓝色，突出党建换成红色，突出环保再换成绿色，根据需要轮番调整，应付上级检查，真可谓把作秀发挥到了极致。

点评

不踏踏实实做事，只把心思放到中看不中用的“外包装”上，这股“美化资料”之风不仅浪费宝贵的人力、物力等资源，还给基层平添不少负担，消耗干部干事精力。上述现象追根溯源，一是能力不足。为实现高质量发展，各种创新与试点密集推出，一些基层干部空有干事热情但本领不够，一时适应不过来，想务实思考但时间不够，想创新推进又怕“弄巧成拙”，只得搞“资料秀”充数。二是“从众心理”作祟，认为前辈和其他地区都是这样“包装”的，所以自己也应该这样做。三是“劣币淘汰良币”的负面效应，有的搞“材料出政绩”的哗众取宠者得到提拔，兢兢业业、努力工作的“老实人”反而因为干的活多出错多挨批评，助长了作秀风气。

现象二　作“大”秀，小题大做，“打肿脸充胖子”

“勉强完成”变成“前所未有”。有些单位和部门工作明明一般，可汇报资料总喜欢戴上“放大镜”夸大成绩，讲成绩夸夸其谈，对不足和问题却一笔带过，甚至把尚未完成的工作说成正在努力攻坚，把勉强完成的工作说成前所未有。如明明易地安置工程进度缓慢，规划的 1324 套搬迁住房仅有 584 套达到了入住条件，贵州省黔东南州岑巩县原副县长陈某却要求职能部门按住房主体建设完成率 100%上报，搞出了“数字脱贫”。

简明扼要变成长篇大论。有的地方“成绩不够，资料来凑”，明明几句话就能说清的事情偏要写成长篇大论，搞出个“一二三四五”，还要用“高大上”的词汇进行包装，让文章合辙押韵、对仗华丽。这种“求长不求短、求全不求缺”的资料反而面面俱到淹没主题，让读者难以找到有效信息。某基层干部反映，为了完成这种毫无营养的“八股文”，某单位甚至安排 8 个人专门负责写资料，有的时候为了一个词，8 个人能商量好几个小时。

工作材料变成文学创作。写材料的核心是实事求是地反映工作中的真实情况，而有的地方为了在检查考核中博得上级领导好感，将公文“外包”，请没有实际工作经验的写手“加工”“润色”甚至“代笔”，使本应求真务实的工作材料变成了“套路满满”的文学创作。如湖北省松滋市王家桥镇中心卫生院党支部曾通过了一项“集体”决议——“请知名作家来撰写工作总结，让卫生院外宣工作上新台阶”，实乃滑天下之大稽。

点评

这种文字包装出来的资料、闭门造车搞出来的总结，必然充斥“正确的废话”“漂亮的空话”“空洞的套话”“违心的假话”，实质是欺骗人民和愚弄上级的一种伎俩，如果得不到治理，还会造成报喜不报忧，掩盖矛盾和问题，贻误解决问题的时机。究其原因，一方面，与考核“指挥棒”出现偏差有关。“上有所好，下必甚焉”。上级只以痕迹多少去评判工作优劣，习惯于听听汇报、查查资料、走马观花调研走访，提拔会做表面工作的干部，就会误导下级务虚不务实，致使各种“穿靴戴帽”追求“形式美”的“包装资料”应运而生。另一方面，还与个别干部只对上负责、不对下负责的错误政绩观有关。干部追求政绩本身无可厚非，但如果认为做工作不是为人民服务，而是引起领导注意，进而获得提拔机会，自然就会催生“文字政绩”架空“工作落实”的形式主义。

现象三　作“浮”秀，东拼西凑，“照猫画虎”

网络资料“直接用”。个别单位还认为上报资料没人看、没人查，从网络复制粘贴了之，连和实际不符的内容都懒得替换。时任浙江省杭州市江干区安监局办公室主任贺某某在制定《江干区安全生产监督管理局财务内部控制管理制度》过程中，从网上下载资料作为主要参考，结果出现“丽水市”字样。

往年资料“接着用”。有的地方时间改一改、数据换一换，工作雷同、资料克隆。四川省内江市东兴区纪委监委在检查各乡镇（街道）领导班子成员2017年述责述廉报告时发现，216名乡镇（街道）科级领导干部中，有18人存在照抄照搬、相互抄袭的现象，有的甚至把2016年总结时间改为2017年。

他人资料“为我用”。有的抄同事、抄兄弟单位，乃至出现“同款”发言在同一场会议出现的尴尬场面。在四川省某镇党支部书记述职测评会上，某两位党支部书记的述职报告与他人述职报告基本雷同，结果是抄袭他人。有的地方干部抄袭被揭穿，不以为耻，还以“忙”“时间紧”为自己辩解。

点评

如此“浮”秀看似文风问题，实则是工作不严不实的作风问题。凡事懒得动脑、人云亦云，工作自然干不好也写不出。平时不担当、不作为、敷衍了事，又想检查考核时出成绩，东拼西凑、“照葫芦画瓢”自然成为捷径。更有甚者，侥幸以为行为隐蔽、不易暴露，即使被看出破绽，一般上级也不会“大发雷霆”，是一笔风险低、见效快、效果好的“好买卖”。宁当文字“搬运工”，不做工作“实干家”，损害的是党的形象、党的事业和群众的利益，图省事只会摊大事。

现象四　作“急”秀，赶时应景，“早上栽树下午就要乘凉”

先总结。有些基层单位主动“急”，在工作中“兵马”未动、“材料”先行，把说的当成做的，规划当成现实，思路当成成绩，工作刚刚开展就急着总结成果。如一项尚处于谋划阶段的工作，具体实施方案还在征求意见，某些领导干部就开始让“笔杆子”提炼工作模式、总结经验。美其名曰：以总结倒逼工作推进落实。

赶时间。有些基层单位被动“急”，刚刚开展工作，就被上级催着汇报进展，工作不够只好寄希望于写好汇报资料。某位乡镇干部以落实整改工作为例说，“越往下真正用于整改的时间就越少，到乡镇恨不得整改方案下发之日，就是整改结果上报之时，我们只得加班加点做资料来应付，根本没时间干正事，心里很无奈”。

宣传急。工作才开展就急于炮制典型；八字还没一撇，就着急去宣传；刚开个会就要求打造“××模式”推广……种种“急速宣传”歪风仍有冒头倾向。某基层干部向记者反映，打造乡村振兴示范点本应做出亮点特色，发挥好引领示范作用，但有的地方下达建设示范点的任务仅一个月，就要求乡镇做出成果、提炼经验向全市宣传推广，令基层干部无所适从。

点评

作“急”秀成为习惯，不仅使基层无法聚焦主责主业干好工作，而且会滋生出“应付资料”的恶果。本应要到实地调研才能写出的资料，为了赶时间，只好闭门造车、凭空杜撰，而这种炮制出来的资料对工作落实或是百姓获得感都毫无意义可言。这些急功近利的表现，从主观上来说是少数上级部门和领导干部不顾实际情况实行命令主义，“早上栽树下午就要乘凉”，要求“快速度”完成“高指标”，下级只得“作秀”应对。从客观方面来看，则与基层人少责任大、权责不对等不无关系，“上面千条线，下面一根针”，重压之下只得哪项工作催得急，就突出做哪项工作，应付交差、滥竽充数也属无奈之举。

现象五　作“假”秀，无中生有，“空手套白狼”

胡编乱造应付检查。有的工作根本没有做，为了迎接检查考核，只好编造一堆假资料糊弄，以图浑水摸鱼过关。如2017年，广西壮族自治区隆安县南圩镇党委组织委员卢某某为应付自治区第五巡视组的检查，自行将制作的3份虚假文件和相关材料交给巡视组检查。

移花接木虚构创新。有的地方“工作无创新，文字资料整”，同样的一项工作，换一个叫法就当成创新事项来宣传，这种“为创新而创新”的做法实质是玩文字游戏、搞虚构创新。像某些地方为打造特色党建品牌，搞“12345 工作法”，但实际工作内容与过去并没有变化，不过是在玩概念。

颠倒黑白掩盖真相。更有甚者，利用资料文过饰非，杜撰真相混淆视听，以此掩盖工作的不足。如针对 2017 年中央环境保护督察指出的问题，贵州省遵义市播州区党委不是积极主动推进问题整改，而是在“回头看”期间公然违反政治纪律，大量编造虚假文件应对督察，区行政执法局还将 1.53 万吨未经处理的垃圾渗滤液违法倾倒至城市雨水管，最终排入乌江，严重污染环境。

点评

对落实党中央决策部署，以为用资料就能骗过去，归根结底是没有把落实党中央决策部署提高到“两个维护”的高度来认识，形式主义是表，政治觉悟不高是里。而这种弄虚作假、表里不一的行为妨碍了党组织及时准确了解基层真实情况，很容易影响上级的科学决策，如不查明真相，盲目决策必然导致决策失误，影响经济社会高质量发展，破坏党内政治生态。除此以外，作“假”秀还与个别基层干部急功近利的浮躁心态有关，认为流“汗水”不如留“墨水”，纸面上的东西好做易做还容易出彩，因此只希望虚列资料来应付过关。

综合施治，转“秀”向“实”

“笔下生花”莫如“实干开花”。根治依靠“资料秀”粉饰政绩、掩盖工作不落实或落实不到位的顽疾，必须将“三不”一体推进的重要思想方法和工作方法运用到“资料秀”治理各方面，由内到外、自上而下持续用力、综合施策，才能让更多干部俯身“下深水”、实干促担当，以过硬作风保障高质量发展，真正创造出经得起历史考验、群众认可的实绩。

思想决定行为，改掉“资料秀”的“面子”，要由“内”校准思想的“里子”。从端正政绩观破题，结合党史学习教育，不断强化执政为民的宗旨观念，在思想根子上解决“政绩为谁而树”“树什么样的政绩”“靠什么树政绩”问题。从端正价值观深化，突出榜样引领、运用警示教育等方式方法，大力营造实干者得利、作秀者失势的工作氛围，持续夯实实事求是的价值取向。从端正人生观拓展，围绕现在该干什么、将来能留什么的问题，强化理想信念教育，从而自觉抵制、远离“资料秀”。

治理“资料秀”，要强力纠偏，让热衷“作秀者”付出代价。一要紧盯，对“资料秀”问题一直抓、长期抓、抓到底，抓出习惯、抓出长效。二要找准，充分认识“资料秀”的多样性和变异性，在调研的基础上，廓清不同地区、不同部门“资料秀”具体表现形式，拉出负面清单，纳入“四项监督”范围，畅通群众举报渠道，发现问题及时处理，使“秀”无处藏身。三要严打，对作秀者坚决从严问责追责、点名道姓通报曝光，同时从查处“资料秀”一开始就强化以案促改意识，对反复出现、普遍发生的，及时向有关党组织或者单位提出纪检监察建议，督促既做到“当下改”，又做到“长久治”，断掉党员干部“秀”的念头。

风成于上、俗化于下，根本要从“上”规范，健全上级跟踪问效、结果导向的动态考评体系。“关键少数”要发挥头雁效应，首先自己不作“资料秀”，同时坚持“没有调查就没有发言权”，深入一线“望闻问切”，避免简单以资料看成绩。考核单位要完善考核评价机制，不能使痕迹成为唯一手段，既要看干了什么，也要看是怎么干的，更要看干出了什么成效，对资料中的工作内容进行反向考核，通过验证比对，让“政绩资料”现出原形。还要用好选人用人导向，真正把真干实干的干部选出来、用起来，保护好老实干事的干部的积极性，防止干部队伍出现“逆淘汰”。

整治“资料秀”乱象，要突出源头治理，从为基层减负的角度持续纠治。一方面加强基层减负观测，动态了解基层直观感受，广泛收集梳理突出问题，对多头报送、重复报送、过度留痕问题等较为突出的部门反馈结果，及时督促纠正，减少不必要的各种资料、报表和台账，对确实需要的要精简打捆、简便务实，让干部轻装上阵。另一方面借助信息化技术之力，整合多媒体多软件办公现状，将上报资料、台账合并同类项，并通过大数据管理，实现部门之间数据共享，从而对“下”松绑，让基层干部有时间、精力干实事。

（乔子轩　侯逸宁）

（本文原载《中国纪检监察》杂志 2021 年第 10 期，收入本书时略有修改）

照片代表成绩　考核脱离实际

“我们按上级通知要求留存的照片、视频，最后竟然成了评价工作好坏的依据，拍得好的就被当作成绩报道，拍得不好的就被认为是摆拍造假。本来街道工作就忙，还要花心思在这上面，负担太重了！”2021年2月28日，山东省威海市文登区纪委监委党风政风监督室在开展基层减负调研时，该区环山街道办事处安监办负责人杨敬波大吐苦水。

听到这一情况，党风政风监督室工作人员立即追问事情的来龙去脉。原来早在几天前，文登区应急管理局向各镇（街）发出一份《全区开展安全生产“开工第一课”工作情况总结》，材料中“工作中存在的问题”部分表述为：“3个镇（街）为了留存企业‘开工第一课’资料，收集企业的培训照片、会议签到表，有的企业三五个人转着桌子一坐，一人手里拿几张纸，没有时间、没有内容，还有的笑容满面，一看就是摆拍，4家企业签到表从上到下一个字体笔迹，明显是为了应付完成任务。”杨敬波所在街道正涉事其中。

为了进一步确认情况，党风政风监督室联合镇（街）

纪委，分头深入材料涉及的5个镇（街）13家企业，通过查看企业培训资料、会议记录，与企业负责人谈话、随机抽取参训工人询问培训内容等方式，对相关情况一一调查核实。

随后，根据调查情况和搜集到的资料，党风政风监督室工作人员又到应急管理局，对负责总结材料起草工作的综合科负责人郭某某开展谈话。

“你的这份工作总结里成绩和问题部分都是依据什么起草的？”“嗯……是根据各镇街的宣传报道材料和他们自行报送到微信群里的企业培训照片写的，嗯……还有我们的督导检查情况。”一开始郭某某便有些闪烁其词。

“为什么××石油公司报送的同一项工作的2张图片中，以培训记录表为主要内容的这张被当作正面典型报给了上级，而这张培训现场图片被当成摆拍呢？还有××矿泉水公司的照片，为什么这张有‘开工第一课’标识的被认定为合格，这张没有标识的就被当成问题写进总结呢？”面对党风政风监督室工作人员的接连质问，郭某某彻底哑口无言。

“这种单纯拿资料作为工作评价和考核依据的行为，是典型的形式主义问题，容易在基层形成过度追求留痕、依靠资料秀成绩的不良导向，不光起不到推动工作、挖掘先进的作用，还给基层造成了沉重负担，必须严肃整治。”该区区委常委、区纪委书记、区监委主任姜全文表示。

随即，党风政风监督室根据调查情况协调相关派驻组向区应急管理局党委制发了纪律检查建议，限期整改，并责令其向分管区领导作出书面检查。

此外，针对困扰基层的形式主义问题，文登区纪委监委建立“作风问题直通车制度”，由各镇（街）纪（工）委负责搜集对接镇（街）的职能部门在推进项目、部署工作中的作风问题线索，每月上报党风政风监督室，重要问题线索则实行即时直报；同时区纪委监委还联合社会事务协调中心、融媒体中心建立起察访联动机制，以“四不两直”方式开展实地察访，查找突出问题，在全区进行通报曝光。截至目前，共查处并通报曝光 16 起 19 人。

“最近确实感觉到了明显变化，上级发出的文件更少、内容更简化，要求我们上报的材料也减少了很多，腾出来的时间我们可以更好地为群众服务。”杨敬波欣慰地说道。

（张彤彤）

（本文原载《中国纪检监察》杂志 2021 年第 10 期，收入本书时略有修改）

五、狠刹违规收送礼品礼金

把跑偏的“礼尚往来”扳正过来

作风常抓不懈，必定功不虚掷。近几年严查深治，公款送礼问题整治成效明显，但顽疾犹存。从每月通报的全国查处违反中央八项规定精神问题汇总数据看，2015 年至 2019 年，全国共查处违规收送礼品礼金问题 4.97 万起。2020 年，全国共查处违规收送礼品礼金问题 1.57 万起。2021 年，全国共查处违规收送礼品礼金问题 1.77 万起。数据体现紧盯不放的坚强决心，也表明防止反弹回潮任务依然艰巨繁重。

高压之下依然屡禁不止，既源于收送双方的利益考量，受到传统陋习和不良社会风气的推波助澜，也折射出查处此类问题的困难程度。老大难问题如何深入整治？变味的礼尚往来怎样回归初衷本意？

送礼表象有迹可循，“关键少数”频受围猎

数据最能说明问题。2019 年，全国各级纪检监察机关共查处违规收送名贵特产和礼品礼金问题 14970 起，其特点突出、规律明显。

何时送：节假日和重要敏感时段是高发期。春节、端午、中秋、国庆等重要节日是问题数量的“波峰”，至少30%的问题都在此间发生。此外，每逢调整干部、审批资金、项目招投标等重要工作开展之前，也总有人蠢蠢欲动伺机出手。利用生日寿宴、子女升学、亲属住院等时机收受礼品礼金的现象，同样不在少数，约占36%。云南省委原书记秦光荣即是如此，庆贺生日收祝寿钱，出国访问收“补贴钱”，搬家添丁收庆贺钱，可谓抓住一切时机疯狂敛财。

送给谁：手握实权的党员干部是高风险人群。一把手收礼问题突出存在。在受到处理的公职人员中，属于所在地方、单位或部门一把手的占比45%以上。同时，手握审批权力的干部也容易成为围猎对象。黑龙江省纪委监委党风政风监督室2019年的一项调研显示，一些村社干部和窗口服务单位干部在服务群众过程中借机要人情、收好处，都是违规收送礼金行为的重要主体。海南琼海市房管局“90后”非在编工作人员陈某，只因握有出具房产税收减免证明的职权，就成为“攻关”对象，3年间收受他人财物29.35万元。

送什么：花样百出让人防不胜防。从赤裸裸的现金、卡券，到理财证券、电子红包；从古董字画、摄影器材等“雅贿”，到量身定制的旅游产品、装修套餐；从为女同志准备的名包首饰，到为老人孩子准备的保健品和图书玩具……值得一提的是，在各类礼品中，名贵特产、特殊资源引人注目——青海的虫草和昆仑玉、新疆的和田玉、银行系统的纪念币以及名烟名酒名茶，都变成了利益输送的媒介。2019年，全国查处违规收送名贵特产类礼品问题1872起，占问题总数的12.5%，充分印证了在“不忘初心、牢记使命”主题教育中专项整治利用名贵特产、特殊资源谋取私利问题的必要性。

怎么送：收送形式五花八门、日趋隐蔽。有的打着“走亲访友”幌子送，趁重要节庆或红白喜事之机，收送重金厚礼；有的以“劳动报酬”名义送，假借讲课、劳务、咨询服务、介绍费之名，行违规收送之实；有的找“帮忙推介”借口送，在接待上级考察时，公款购买土特产品送给考察团成员，美其名曰“请领导帮着宣传”；有的以“娱乐一下”名堂送，一些单位管理服务对象，在工作微信群里发红包，让领导们“试试手气”；现在还出现了以公务接待费等虚假名义套取费用公款送礼的新花样，名为私人馈赠，实则公款报销……各种“花式”收送，都试图披上合情合理的外衣，而新兴的信息技术手段更是让收与送转入私密虚拟空间。

外在表现千变万化，问题实质都是明修风俗礼仪栈道、暗度“权礼交易”陈仓。“很多领导干部都是从战战兢兢收受烟酒茶、小红包开始，到肆无忌惮收受贵重礼品、巨额礼金，最后滑入腐败堕落的深渊。”正如湖南省纪委监委党风政风监督室负责人所言，看似温情脉脉的礼品礼金，在“有心人”的手中就会变成温水煮青蛙的第一把柴火、围猎干部的第一发子弹。如此歪风邪气任其发展，不仅损害党和政府在人民群众心目中的形象，也会败坏社会风气。

权与利交换诱发“礼上往来”，查处困难助长侥幸心理

送礼歪风长期存在且久治难愈，背后有着多重因素综合作用。透过现象看本质，一些共性原因值得关注。

权力缺乏监督导致问题滋生。缺乏监督制约的权力，势必导致寻租空间不断扩张，把“礼尚往来”变成“礼上往来”。有的地方、单位对权力行使规定得不实不细，监督时紧时松，领导干部手里的自由裁量权很大，同一块蛋糕，给你可以，给他也行，偏向哪一边都能说出“道理”，迫使人们用礼品礼金开路。有的部门行政审批项目繁多、程序冗长，不打点很难顺利“通关”。有的单位“一言堂”大行其道，大事小情都由一把手说了算，搞定一把手才能办成事。山西省煤炭进出口集团有限公司原党委书记、董事长郭某，就被300多万元的名画、名表等贵重礼品冲昏了头脑，放松了对关联公司的资信调查和风险评估，最终导致集团损失43亿余元。

利益驱动导致问题延绵不绝。礼下于人，必有所求。不

对等的“礼尚往来”中，收送双方都有利益考量。从送礼者角度看，期待的是投资回报——有的是“短期投资”，面对即将到来的干部任免、资源调配等，先用礼品礼金探路，继而重金狂轰滥炸，以期迅速“拿下”“摆平”；有的笃信“放长线、钓大鱼”，在“人情往来”外衣掩护下，通过一次次没有明确请托事项的“不成敬意”“略表寸心”拉关系、找靠山，期待对方有朝一日用手中公权“还”自己的私情。从收礼者角度看，幻想的是权力变现，享受的是礼品礼金包围中的“尊崇”感受。有的明知送礼是冲着自己的职位和权力而来，但在“有权不用过期作废”的扭曲权力观影响下肆意妄为；有的不敢受贿敢收礼，对权钱交易“难以接受”，对打着“礼尚往来”旗号的礼品礼金却甘之如饴，抱着侥幸心理自欺欺人。内蒙古自治区政府原副主席白向群就说，“要趁在位的时候把退休后喝的酒都准备好”。

值得注意的是，有人送礼是为了谋取不当利益，有人送礼则只为求一份心安。在一些不良社会观念影响下，很多人遇事不自觉随大流送礼送钱——不给校长老师送礼，担心孩子受欺负；不给医生护士送礼，害怕亲人得不到全力救治；不给客户送礼，担心他们转投别的公司；就连驾校考官教练也要送礼，否则就可能一考再考……日积月累的传统陋习推波助澜，让明规则输给了潜规则，人人深恶痛绝，但又身不由己。送，会形成自然；收，也会养成习惯。一些党员干部在不良风气的熏陶下，思想观念慢慢跑偏。有的干部认为处于人情社会，面子最重要，没必要为此等“小节”驳人脸面；有的认为收人钱财替人办事是很公平、很正常的事，没必要大惊小怪、小题大做；有的甚至颠倒是非黑白，别人不送礼就不给办事。吉林白城师范学院原党委书记刘某某在落马后坦言，“我给你办事了，你来感谢我，主动给我的，又不是我要的，这样就不是大问题”。这种变了味的“礼尚往来”，无异于害人害己。

重拳治理违规收送礼品礼金问题是社会共识，但对于监督部门来说，发现和查处这些问题并不容易。一是发现难。与公车私用、违规吃喝等问题不同，收送礼品礼金不一定见面，无需固定场所或固定载体即可完成，隐蔽极深，仅靠日常监督难以发现，不少问题是在审查调查中发现，案中案较多，往往是一个老板涉案后，交代出一串。二是甄别难。虽然党纪条规对违规收受礼品礼金问题有明文规定，但在操作过程中，常常难以鉴别送礼者是否属于管理服务对象，不好判断金额是否超出正常人情往来，尤其对“期权腐败式”的前期“投资”，更难判断是否属于违规收送。三是处理难。收送双方一般都会达成“君子协定”，建立攻守同盟。案发时，双方大都守口如瓶，很难取证，增加了查处难度。此外，新兴的电子红包等形式更具隐蔽性，难以取证和查处。这些监督方面的困难，一定程度上让一些不收敛不收手的人心存侥幸，不惜以身试纪。

严字当头精准施治，规范权力铲除滋生蔓延土壤

人情之中有原则，交往当中有政治。厘清正常人际交往与违规礼尚往来的界限，精准施治严查违规收送礼品礼金，发现问题是前提。针对隐形变异新特点，尤其需要开展有针对性的监督检查，擦亮洞见问题的火眼金睛，让问题无所遁形。用好老办法，将行之有效的紧盯节点、专项整治、巡视巡察等做法继续发扬光大，根据问题新“风向”及时调整关注点，加大监督检查和明察暗访力度，揭开所谓“人情往来”的面纱。善用新手段，加强与电信、金融、工商等部门的协调联动，充分运用信息技术等手段，识别送礼变异品种的“隐身衣”。开拓新领域，发动群众、媒体和社会各界参与监督，不断扩宽监督渠道，提高发现问题的能力，严查违规收送礼品礼金问题。审查调查与治理“四风”紧密相连，严重违纪违法问题背后大都存在违反中央八项规定精神问题，对审查调查中发现的“四风”问题线索必须深挖细查、绝不放过，既查清审查对象问题，又深挖其他人员“四风”问题线索。

有了问题线索，精准甄别是关键。一方面，要明界限。中央纪委四次全会部署工作时提出，督促有关职能部门细化

规定，列出正面、负面清单。地域不同、领域不同，都需要明确清单，对外事、招商等场合以及日常生活中的正常礼尚往来给予清晰界定，让遵规守纪者有据可依、放手干事。另一方面，要明标准。借鉴一些地方出台的“限桌令”“限客令”等有效做法，进一步明确认定标准、明晰纪律红线，让企图违规者无机可乘。如吉林省纪委监委建议，结合实际对衡量收送礼金情节较轻、较重、严重三个档次作出金额上的合理区分，让执纪者有尺可量、精准执纪。

对已定性的问题，必须严惩不贷，从而惩前毖后、正本清源。突出一个“严”字，对胆敢逾矩越轨者不搞点到为止、下不为例，坚持从严从重处理，决不留情面，让心存侥幸者望而却步。突出一个“狠”字，坚持收礼送礼一起查，特别是对公款送礼的从重追究责任。突出一个“痛”字，对于触碰纪律红线的一律点名道姓通报曝光，让违纪者既丢掉“里子”，又失去“面子”，促旁观者引以为戒。

善治病者医其受病之处，善救弊者塞其起弊之源。违规收送礼品礼金问题的根源在于权力任性与文化变异，“不请不送事难办”的思维惯性不改变，送礼之风虽不敢明目张胆，但仍会暗流涌动。根治送礼之风，必须规范权力运行，深化放管服改革，强化政务公开，减少权力对于资源的支配，在保证权力部门秉公办事上多下功夫，推动行政执法行为规范化、制度化，让老百姓不需要送礼就能办成事。必须

徐光伟　绘

加强廉洁文化建设，教育引导党员干部提高纪律意识，广泛宣传宣讲让更多干部群众了解政策，持续通报曝光强化严的氛围，以优良党风政风带动社风民风，让传统观念和世风民俗模糊的收送礼品礼金“是与非”更加清晰起来，让传统文化中的“礼”回归纯洁美好的本意。

（原晓红　赵振宇）

（本文原载《中国纪检监察》杂志 2020 年第 12 期，收入本书时略有修改）

斩断“烟票”贪腐利益链

“林局，感谢您一年来的照顾，我们公司生意才会大好。”2016年春节前一天，浙江省象山县一位矿产商人马某某上门给县自然资源和规划局原党组成员、副局长林某某拜年，临走时没忘放下一箱红酒。

等马某某走后，林某某打开红酒箱，发现箱内藏有现金30000元和价值18600元的“烟票”4张。第二天，林某某来到附近的一家烟酒店，轻车熟路地将“烟票”兑换成现金。

那次之后，马某某的矿产资源开采、地质灾害评估生意一直很红火，他也不忘“知恩图报”，每年春节前都会带着现金、红酒和“烟票”上门给林某某拜年。直到2019年12月，象山县查处并公开通报了林某某利用职务便利，收受“烟票”价值人民币94350元，以及存在其他严重违纪违法问题，给予其开除党籍、开除公职处分。同月，象山县人民法院以受贿罪判处林某某有期徒刑三年，并处罚金人民币31万元。

浙江作为经济较发达地区，个体经商办厂多，一些私企老板在与党员干部打交道过程中，感到“烟票”相对于简单直接给钱给物式贿赂，既隐蔽又“高雅”，不仅携带方便，而且还带点人情往来的味道。

"'烟票'的流通表面上披着礼尚往来的'人情外衣'，背后却不仅扰乱国家金融和烟草专卖秩序，更滋生腐败。"浙江省纪委监委相关负责人表示，"烟票"问题已成为"亲""清"政商交往的"绊脚石"，严重影响一方政治生态和社会风气，必须提高警惕、及时遏制。

为坚决遏制"烟票"蔓延及其背后的"四风"和腐败问题反弹回潮，促进廉洁从政，浙江省纪委监委下发了《关于开展"烟票"背后"四风"问题专项整治工作的通知》，强调要结合领导干部利用名贵特产类特殊资源谋取私利整治，对"烟票"背后"四风"问题进行专项整治，坚决查处党员干部、公职人员以"烟票""天价烟"作为利益输送的媒介，靠烟吃烟、以烟谋私等问题，规范国家金融和烟草专卖秩序，推动构建"亲""清"政商关系，努力营造风清气正的政治生态。

着眼管长远、抓长效，浙江省各级纪检监察机关健全监管机制，将"烟票""天价烟"及其背后的作风和腐败问题列入日常监督检查范围，督促相关部门形成"烟票"治理工作长效机制，彻底斩断"烟票"贪腐利益链条。

在常态监督上，东阳市探索建立"网格化"管理制度，将"烟票"问题列入"互联网+"行政执法监管平台，通过"双随机""网格化"等监督检查方式进行严防。为真实掌握工作动态，该市纪委监委还邀请社会监督员、特约监察员开展体验式暗访行动。并通过开展跨区域交叉检查，进一步摸排“烟票”整治存在的问题，检验工作成效。

义乌市下发《关于严禁印制、销售“烟票”和收送“烟票”、支付凭证等有价证券的通知》，从商户印制、销售“烟票”，党员干部、公职人员赠送及收受“烟票”等环节入手，明确提出禁止性要求，狠刹“烟票”歪风。同时，构建烟草销售管理长效机制，出台“烟票”问题举报奖励、“烟票”销售经营户黑名单等制度，加强“烟票”问题源头管控。

此外，永康市、浦江县、龙游县等地都建立完善重要节假日定期检查、日常巡查、不定期抽查、投诉举报快速处理等系列制度，形成“烟票”治理工作长效机制。温州市鹿城区藤桥镇注重抓常抓小，组织相关廉政风险较高的科室填写岗位廉政风险点、制作“清廉同行”记录本、上廉政微党课等，并着力打造清廉站所、清廉村居等藤桥样板。

“烟票的‘烟’是外衣，‘票’才是本质，与现金和有价证券无异。”藤桥镇纪委书记刘江伟说，不管“四风”问题如何演变，只要我们守住党员干部理想信念的底线，构筑起拒腐防变的防线，就能“以不变应万变”。

（颜新文　余晓叶）

（本文原载《中国纪检监察》杂志 2020 年第 12 期，收入本书时略有修改）

从微信红包记录里揪出收礼者

“我举报，江苏景行公共交通有限公司副经理冯某某多次微信收取管理服务对象礼金，还多次随意安排车辆运行时间班次……”

2019 年 3 月 8 日，一封匿名举报信被送到了江苏省东海县纪委监委信访室。很快，县纪委监委按照程序将问题线索移交县驻交通局纪检监察组，并责成其迅速成立调查组对此事开展核查。

问题似乎不复杂，然而，调查却并不顺利——

一方面，调查组调取了景行公共交通有限公司相关台账，发现所有运行车辆发车时间班次均清晰记录在册，也未出现过关于冯某某乱作为的投诉举报问题；另一方面，调查组按照信访件提供的车主名单，分别找到车主了解情况。

“没有这样的事。”车主们一致回答，可他们目光躲闪的谈话状态，让调查人员意识到这并不是真相。

接着，调查组找到了冯某某。

“我是一名老党员，一向遵守党规党纪，不可能做出这样的事……”冯某某回答得“滴水不漏”，他还主动拿出手机向调查人员展示他与车主们的微信聊天记录，其中没有红包往来记录。

微信聊天记录里找不到蛛丝马迹，能否在微信账单里找到线索？当调查人员要求其展示微信内容时，冯某某自信依旧，让调查人员“随便翻看”。直到此时，他还认为通过微信发送的电子红包“神不知鬼不觉”，十分隐蔽，难以取证。

细心的调查人员在查看其微信支付的账单时，发现之前调查过的车主名字一一在列，转账日期都离年节很近，金额为 1000 元或 2000 元。

面对此情此景，之前标榜自己是一名老党员的冯某某傻了眼。“我每次收完红包，都直接把聊天记录中的红包删除了，以为这样就能瞒天过海，忘记了微信钱包里还能查到详细的转账记录……”证据面前，冯某某终于低头认错，称自己不应该抱有侥幸心理收取微信红包，更不该在调查开始的时候欺骗组织。

原来，冯某某作为公司副经理，管理全县 300 多辆客运车辆，手中的自由裁量权很大。从车辆承包到车辆运营时间排班；从车辆营运证的年审到车辆保险购买，再到车辆出险后的理赔、诉讼等运务工作都由他来负责安排。排上好的运营时间班次，或者能够在站内私自带客不被查处，就意味着能多赚到钱，因此冯某某成了客运车辆车主的围猎对象，他们抱着“不请不送事难办”的错误心态，逢年过节常以微信红包形式对其进行“打点”。

在车主“糖衣炮弹”的攻势下，冯某某把手中的权力当成了满足私欲的工具，忘记了作为一名党员干部心中要有的纪律红线。冯某某告诉调查人员，对送了微信红包的人，他都会“礼尚往来”。“车站管理人员曾向我反映一些车主在站内私自带客的情况，但我睁只眼闭只眼。”

经查，2018 年春节、中秋节期间，冯某某以微信红包的形式收取公司管理服务对象及公司业务单位的个人共计 6800 元。2019 年 6 月，冯某某受到党内警告处分。

该县纪委监委向交通局下发监察建议书，直指其运营管理中的制度漏洞，要求交通局督促该公司对客运管理中存在的漏洞及风险点进行自查自纠，进一步规范相关客运管理制度，制定整改措施，杜绝此类现象发生。

整改过后，县纪委监委进行明察暗访，车主们纷纷表示，运营车次排班公开透明，站内带客的现象也不见了，车站管理比以前规范，不需要送礼也能干好工作了。“车辆保险也不再由领导说了算，而是由交通局面向全县所有保险公司统一进行招标采购。”一位车主说，明显感觉保险金额比以前降低了。

（张瑾闽）

（本文原载《中国纪检监察》杂志 2020 年第 12 期，收入本书时略有修改）

六、对违规公款吃喝露头就打

如何遏制“舌尖上的浪费和腐败”

“餐饮浪费现象，触目惊心、令人痛心！”2020 年 8 月，习近平总书记对制止餐饮浪费行为作出重要指示，表明党中央厉行勤俭节约、反对铺张浪费的鲜明态度和坚定决心。餐饮浪费平时并不鲜见，于普通百姓而言体现生活习惯和个人品性，就党员领导干部和公职人员来说则体现思想觉悟和作风操守，加之它在现实中又常常与违规吃喝这一违反中央八项规定精神问题相伴相生，更会无形中影响党风政风、败坏社会风气，严重损害党和政府形象。因此，对“舌尖上的浪费”必须常抓不懈，对“舌尖上的腐败”必须露头就打。

公务接待日渐规范　真正“光盘”还有差距

“舌尖上的腐败”“酒桌上的应酬”……曾经，公款吃喝乱象令人民群众深恶痛绝。党的十八大以来，党中央在纠正“四风”上持续用力，中央八项规定、《党政机关厉行节约反对浪费条例》和《党政机关国内公务接待管理规定》等制度相继出台，为公务接待划出不可逾越的红线。

各省区市陆续出台地方版公务接待规定，明确公务接待标准。通过创新举措、建章立制、强化监督，群众反映强烈的公款餐饮浪费行为得到有效遏制，明目张胆的公款吃喝再不敢嘚瑟到群众眼皮底下，“上百个文件管不住一张嘴”的情况得到有力遏制，公款胡吃海喝之风大为收敛。

肯定成绩的同时，我们也要看到，一些地方公务接待仍不规范、“泡沫”很大，“点一桌剩半桌”“吃一半倒一半”的现象时有发生，挥霍浪费令人心痛、铺张奢靡令人愤恨。有的地方接待标准玩猫腻，搞豪华升级版，玩“大盘套小盘”数字游戏，给菜量提质加码等，表面上看似没有超标、范畴之内，实际上却远远突破走了样。这些方法不仅用于接待上级，在招商引资、接待客商、重要外事活动等公务中也屡屡出现。上有政策下有对策，制度规定很明确，却总有人自以为是地出于所谓迎合上级和贵宾要求，编造种种理由搞变通加砝码。

尽管已有多地要求公务接待原则上实行自助餐，但仍有人觉得自助餐不上档次、不够排面，打着有利工作、联络感情的旗号继续安排桌餐。有的接待方为尽地主之谊，担心用餐者吃不好、不够吃，本着宁多勿少、宁剩勿缺的原则点餐上菜，用餐者再三劝阻也被当作“客气”对待，致使菜量无法控制、浪费难以避免。另外，公务接待用的是公款，出现剩菜剩饭大家也都不好意思打包，这使得做到真正“光盘”还有不小的距离。

违规吃喝潜入地下　奢靡浪费暗流涌动

比起公务接待中的餐饮浪费，违规吃喝造成的浪费更为严重、产生的影响更加恶劣。近年来，全党上下把治理违规吃喝作为落实中央八项规定精神的风向标，持续发力、重拳整治，明目张胆吃吃喝喝者明显减少。然而，仍有一些党员干部、公职人员费尽心思为公款吃喝穿上隐身衣，“舌尖上的腐败”花样翻新，隐形变异现象不断发生。

巧妙包装变相吃。名目繁多的各类经费报销，往往暗藏着公款吃喝的影子。有的打着多次接待的旗号，多开公函报，将大额超标接待拆分成多次接待。如中国联通上海市分公司银行行业销售中心总经理汪某组织部门员工在某温泉馆集体聚餐、洗浴，费用由下属员工虚构业务招待事项，分次拆单报销。有的打着公务的旗号，虚列公函报。有的打着专项工作的旗号，另立名目报。像江苏省徐州市泉山区绿化管理所原所长张某某以办公用品、加班用餐等名义报销违规聚餐费用。有的打着食堂正常开支的旗号，暗度陈仓报。如2014年9月至2018年8月，中国人民银行海南省屯昌县支行原行长杜某某先后68次违规组织干部在食堂吃喝，共计消费78169元，费用从食堂伙食费和福利费中支出。

单位财务报销管理严格规范起来，也拦不住一些人想方设法去吃喝，本级吃起来不容易就去吃下级。有的假公济私，以公务名义向下属单位转嫁、摊派违规吃喝费用。有的揣着明白装糊涂，既拿出差伙食补助，又到下属单位白吃白喝。更有胆大者，利用自身职权要求下属单位或者管理服务对象支付私人餐费。比如，宁夏回族自治区科技厅原厅长马某某多次在北京个人用餐或接待用餐签单记账，消费1.73万元，由下属公司支付，回宁夏后仍报销出差伙食补助。

随着全面从严治党不断深入推进，各级纪检监察机关查处在公开场所违规吃喝的力度越来越大，违反中央八项规定精神的成本越来越高，一些人就在吃喝地点上打起了歪脑筋，由明面转入地下，掩人耳目私下吃。有的在单位食堂、培训中心或机关内部接待场所公款大吃大喝，这些场所不仅私密性较好，而且饭菜涵盖山珍海味，还提供高档酒水。比如山西焦煤集团原董事长王某某与干部在下属单位食堂聚餐饮酒时，除食堂安排的价值1200元菜品外，还按份公款外购价值5200元的佛跳墙、鱼翅等高档菜肴。有的不在市内到市外，将就餐地点转移到偏远的餐馆、农家乐，或者躲进高档小区、写字楼吃“一桌餐”，逃避监督，以策安全。

不吃公款吃老板。这是违规吃喝一种新的表现形式。有的是老板主动来埋单，自己心安理得接受。有的是明目张胆，向管理服务对象伸手“要饭吃”。如2018年5月，时任宁波市国土资源局鄞州分局塘溪国土所副所长蒋某某，以请朋友吃饭为由，要求管理服务对象屠某为其在鄞州区某酒店预定包厢，并支付餐费。有的是躲进饭店来一餐，老板付账不出面。有的是借公务考察之机，行胡吃海喝之实，由老板随行“保驾护航”。如江西省新余市原卫计委副处级干部桂某某在赴上海、湖北等地公务考察期间，擅自同意某私营医药公司人员参与考察，并违规接受该公司在当地安排的旅游和 8 次吃请。

一些“胆大心细”的党员干部无论是公款吃喝还是接受私人宴请，吃的是豪华大餐，却故作姿态、自欺欺人，通过象征性地交少量餐费来掩盖自己违规违纪的事实，为后续规避风险打好埋伏。比如，明明是吃了人均上千元的豪华大餐，却只交一百元，自称 AA 制不算接受别人的宴请，组织问起来也可理直气壮应对过关。还有的更是“棋高一着”，到熟人朋友开的所谓饭店或会所大吃一顿，结账时却享受一折、二折的“特别优惠”，远远低于成本，美其名曰“职工食堂掏个成本价就行”，既变相接受了对方宴请，还对外显示是自己掏钱，有里有面、一举两得。

在上面林林总总的各种饭局中，这些“吃心”不改的党员干部，抱着“不花自己钱不心疼”“别人埋单不吃白不吃”的心理，有高档的不点普通的，能点多少就点多少，吃好喝好无所顾忌、铺张浪费毫不在意。

诸多因素交织一起　树倒根存不容小觑

酒杯端起来，原则放下去。享乐奢靡助长权钱交易腐败链条的形成，破坏“亲”“清”政商关系，污染了政治生态、败坏了党风政风。禁令高压之下、前车镜鉴频仍，为何还有人敢顶风违规吃喝？

饮食文化扭曲使然。中国饮食文化源远流长、博大精深。然而，在有的人心目中却发生变异被曲解，成为违规吃喝的理由和挡箭牌。一是把食文化当作“钟鸣鼎食”式的享乐奢靡生活。“食不厌精，脍不厌细”，对美食的热爱本没有错，但沉溺于山珍海味、美食佳肴就会陷入享乐主义和奢靡之风陷阱不能自拔，鼻子“灵”了、嘴巴“刁”了，腿脚却走歪了。二是把酒文化中的糟粕当作精华。千百年来，不少古人以酒抒怀，千古绝唱流传至今。然而，一些党员干部却把酒文化推到了极致：有的追求年份酒，一瓶酒喝掉一名普通百姓几个月的工资；有的把“酒品即人品、酒风即作风、酒量即能力”奉为圭臬，甚至作为选人用人的标准，致使喝好酒、喝大酒的言论甚嚣尘上。三是把吃喝饭局当作“面子”。一些领导干部错误地认为天天有饭局是能力强、圈子广的表现，有专家曾指出，“这实际上不是满足食欲，而是满足心理，深层次是文化因素，是积弊多年的潜规则”。一旦党员干部追求大吃大喝的面子，势必丢掉遵规守纪的里子。

权钱交易需要使然。违规吃喝的饭局，意不在于“饭”而在于“局”。有的为了拿项目，获得大单；有的为了结识领导，寻求后续升迁提拔和办事方便；有的认为“接待就是生产力”，生怕以正常标准接待会怠慢了上级、冷落了客人，“吃饭不上茅台酒，你让人面子往哪儿放”的心态频频作怪；有的看似“一个愿打一个愿挨”，实则为了谋取不正当利益，对领导干部进行长期拉拢围猎，请客吃饭只是手段之一。上海市杨浦区人民法院原党组书记、院长任某某长期频繁违规接受宴请，与不法商人勾肩搭背，大搞权钱交易，在协调案件、承接工程、干部职工录用等方面为他人谋利，对任职地区的司法环境造成极大破坏。吃人嘴短、拿人手软，在推杯换盏中，原则让了步、规矩抛一边，公务办理变成吃喝办事，混淆了政商之间“亲”“清”边界，影响了职务行为公平公正，进而破坏营商环境。以上这些饭局，实则是小圈子的局，围猎干部的局，权力寻租、权钱交易的局，目的明确、利益明显。这也是违规吃喝异常顽固、屡禁不绝的一个重要原因。

发现难界定难使然。伴随着坚持不懈的大力整治和规章制度的不断完善，各地明面上的违规吃喝歪风得到明显遏制，但仍面临反弹回潮压力。一个是吃喝场所转入地下，一个是报销单据伪装得更巧妙，还有一个是不吃公款改吃老板很难查证。江苏省纪委党风室相关负责人表示，“不吃公款吃老板的情况不少，但查处的并不多，现在老板直接用现金把单买掉，并不出场，因此很难查证饭局的付款人是谁，也无法界定参与饭局的党员干部是否吃老板”。现实中，即使发现违规吃喝问题，由于当事人提前布局做好必要“止损”准备，处理起来也很难，轻了不痛不痒起不到作用，重了阻力重重板子落不下，致使有些人侥幸心理膨胀。

此外，部分地方、部门财务管理粗放、审批制度不够健全，未能从源头上控制资金流，客观上给违规报销留下了缝隙漏洞，变相纵容了违规公款吃喝。还有一些人纪律规矩意识淡漠，有请必去、有酒必喝，在灯红酒绿、觥筹交错中不知不觉步入歧途、跌入圈套。

打好组合拳　狠刹“讲排场”“吃喝风”

2021 年 4 月，《中华人民共和国反食品浪费法》表决通过，同年 10 月，中办、国办印发《粮食节约行动方案》，向餐饮浪费行为说不。违规吃喝也是多年的过街老鼠人人喊打，纠治“四风”久久为功、常抓不懈。冰冻三尺，非一日之寒。破解吃喝歪风、刹住铺张浪费，是一场攻坚战、持久战，必须抓住关键点、施力梗节处、打好组合拳，切实堵住违规吃喝的“暗门”，彻底挤出奢靡浪费的“泡沫”。

划清正常交往与利益输送之间行为界限，解决甄别难的问题。坚持实事求是原则，区分好正常社交聚餐与违规吃喝，既对以人情往来为名行利益交换之实行为零容忍，又尊重正常人际交往聚餐行为。一看“吃请”是否双向，日常交往聚餐是否符合当地正常经济、生活水平和风俗习惯，是否是“来而不往非礼也”的正常交往。二看“吃请”是否与岗位职务相关联，是否属于亲朋好友间的正常礼尚往来、情感交流，是否存在利益输送交换的可能。三看目的结果是否“为他人谋取利益”，“请吃者”是否有具体请托事项，“吃请者”是否利用职务便利为他人谋取了利益，以此把违规吃喝从普通聚餐中甄别出来。

在公务接待中倡导践行节约用餐，解决控标难的问题。党政领导和机关公务接待要走在“光盘行动”前列，带头守规矩、先行作表率，做好过紧日子准备，厉行节约、反对铺张，引领全社会形成以“光盘”为荣、以浪费为耻的良好风气。要按照相关规定严格执行公务接待标准，不上高档菜肴，不上任何烟酒，严控陪餐人数，谁擅自批准提高用餐标准，超出部分谁个人承担。要结合自身实际和地域特点，合理搭配菜品，多提供小份菜、半份菜、本地大众特色菜，餐前引导适量点餐，餐后主动帮助打包，切实减少剩餐浪费。要相对固定就餐方式，积极推行简餐制，大力倡导吃自助餐、点家常菜，在接待方食堂就餐，尽量少安排桌餐，做到能吃多少就取多少、该吃什么就吃什么。

建立无处不在的监督网，解决发现难的问题。加大监督力度，通过明察暗访、突击检查、交叉互查等方式，对违规吃喝问题紧盯不放，发现一起、处理一起、从严从重，对典型问题点名道姓通报曝光，释放越往后执纪越严的信号，对违规吃喝者给予强有力的震慑。同时将监督触角从工作圈延伸至社交圈、生活圈、休闲圈，把“八小时之外”监督检查情况纳入综合考核评价体系，让党员干部知止有畏，真正把“八小时之外”管起来。要整合监督力量，发挥纪检、公安、市场监管、财税、审计等监督合力，紧盯高档社区、农家乐、特色饭店等重点场所，让各种瞒天过海的违规吃喝手法无处遁形。要创新监督方式，充分利用信息化、大数据、新媒体等科技手段，借助各类消费记录平台、税控电子信息平台、四风问题“随手拍”、监督举报一键通、手机评议 App 等多种载体，在时间空间上拓展监督之“眼”。

用制度堵上违规公款吃喝的缺口，解决管理难的问题。抓好细化，认真检视公款报销制度方面存在的模糊地带、监管盲区、执行漏洞等问题，推动出台操作性更强的制度，解决“牛栏关猫”问题。管好源头，规范财务报销流程，加大财务审计力度，构建“三公”经费监管体系，拧紧花钱的阀门，使公务开支透明化制度化，让超标接待无处报账、“猫腻走账”无缝可钻。盯住公函，建立健全派出公函审批制度和派出公函登记台账，实行专人监管，让每张流转的公函有迹可循、有人负责。

至于构建“亲”“清”政商关系，规范权力运行、优化营商环境，关键还是要把权力关进制度和监督的笼子里。先要管住权力，健全权力运行监督机制，强化对行政审批、工程项目、土地出让等重点领域的监督，严查政商关系中暗箱操作、勾肩搭背等行为，尽可能压缩权钱交易、以权谋私的空间和机会。再要规范权力，明确商务接待、参加企业庆典等活动的具体规定，让干部和民营企业家都清楚什么应该做、什么碰不得，明晰政商交往的界限和禁区，避免亲而不清、清而不亲，教育引导党员干部坦荡真诚与企业家交朋友。推动深化拓展“放管服”改革，理顺部门权责关系，减少行政审批事项，简化审批办理程序，铲除“不吃吃喝喝就办不了事”的土壤。

（侯逸宁　沈　叶　刘来宾）

（本文原载《中国纪检监察》杂志 2020 年第 17 期，收入本书时略有修改）

加强监督　向餐饮浪费亮剑

"有些人眼大肚皮小、挑三拣四，舀满满一大盘，却只吃了一点，剩那么多全倒了，眼睛都不眨一下"，厨师张师傅说，"可不能做浪费粮食的'剩男''剩女'啊！"2020年9月，围绕反对"舌尖上的浪费""餐桌上的腐败"，四川省彭州市纪委监委"廉韵彭州"微信公众号发布了一条和市机关事务中心共同拍摄的节约粮食宣传小视频，通过四川方言以风趣的方式重拾节俭情怀，倡导机关干部职工带头制止餐饮浪费。彭州市机关事务中心主任梁艳介绍说，"我们选取日常就餐浪费典型问题，在轻松氛围中教育引导广大干部职工从舌尖到心间惜粮节粮"。

食为政首，粮安天下。2020年8月，习近平总书记对制止餐饮浪费行为作出重要指示后，中央纪委国家监委印发《关于贯彻落实习近平总书记重要批示精神　加强监督执纪坚决制止餐饮浪费行为的工作意见》，强调把节约粮食、制止餐饮浪费作为落实中央八项规定精神、纠治"四风"的重要方面，纳入监督检查、巡视巡察的重要内容，强化日常监督。山西省纪委监委采用监督检查、谈话提醒、严肃问责

徐光伟 绘

等手段，将“严”“实”贯穿始终，制止餐饮浪费。内蒙古自治区纪委监委印发通知，要求全区各级纪检监察机关定期组织开展明察暗访，在抓“长”和抓“常”上下功夫，持续释放严的信号，推动形成刚性约束。福建省纪委监委、西藏自治区纪委监委和甘肃省纪委监委向本省（区）各级纪检监察机关发出公开信，呼吁广大纪检监察干部带头制止餐饮浪费行为，坚决破除讲排场、比阔气、搞攀比等陋习，把勤俭节约落实到工作和生活中。新疆维吾尔自治区纪委监委制定9条措施，明确通过监督压实相关职能部门责任，并强调全区各级纪检监察机关要对被监督单位分管财务或后勤、食堂等工作的负责人开展一次集中谈话，着力查清单位公款支出、公物使用、食堂餐饮等方面是否存在奢侈浪费问题。山东省纪委监委机关从自身运行各环节入手，梳理机关餐饮、后厨管理各项制度，以及《机关招标采购暂行办法》《办公用品管理规定》《水电管理工作规定》《车辆使用管理暂行办法》，使制度内容不仅符合中央八项规定及其实施细则精神，也符合勤俭节约的要求，进一步提升节能管理工作制度化、规范化水平。

为有效减少粮食损失浪费，纪检监察机关督促各级发改、交通等部门切实加强粮食生产、收购、运输、加工等环节管理。“喀什作为农业大区，要坚持农业农村优先发展，毫不放松抓好粮食生产，推进提质增效。”新疆喀什地区纪委监委驻地区农业农村局纪检监察组组长杨建宏表示，他们既靠前监督，督促农口部门落实党的各项惠农政策，及时发现和解决粮食生产安全问题，又紧盯农口部门三公经费开支情况，加强监督检查，从源头上堵塞餐饮浪费行为的漏洞，为打赢脱贫攻坚战、助力乡村振兴提供坚强纪律保障。喀什地区纪委监委驻地区发改委纪检监察组组长古力孜亚·艾斯卡尔认为：“制止餐饮浪费行为对守护粮食安全意义重大，我们会继续发挥‘驻’的优势，监督地区粮食和物资储备局扛起维护国家粮食安全、坚决反对浪费粮食的责任，抓好粮食生产，督促做好科学储粮，减少储粮损失。”

一粥一饭见作风。纪检监察机关立足职能职责，紧盯各级领导机关、党员领导干部和公职人员等重点对象，针对机关事业单位食堂日常用餐、公务接待用餐等开展监督，对违规公款吃喝、奢侈浪费等问题坚决查处，同时督促有关部门切实扛起监管责任，加强监督检查，引导全社会增强厉行勤俭节约的意识。

纠铺张浪费，盯紧单位食堂。有的在饭菜的数量方面作调整，甘肃省定西市临洮县纪委监委派出纪检监察组对县政府食堂开展突击检查，发现用餐分量一刀切、个别干部存在用餐浪费现象等问题，现场提出整改要求，目前已实现“菜品的分量可因人而异选择大、中、小三类标准”。有的在采购环节上力求精准，“我市70%以上市直单位部门人员都在同一个食堂用餐，管理起来更为方便”，西藏自治区昌都市纪委监委督促市机关事务管理局与市直各单位部门建立用餐沟通机制，提前统计好用餐人数，科学、合理准备菜品，严控采购频率、采购数量，最大化避免剩余，从源头杜绝餐饮浪费。

刹奢靡之风，严肃整治公务接待及国企商务接待餐饮浪费现象。新疆沙雅县纪委监委通过查阅预算经费使用报销情况，持续跟进“舌尖上的浪费”专项整治工作，有效遏制公务支出和公款消费中的吃喝玩乐歪风、奢侈浪费等违纪违规现象，共发现相关问题6个，提出整改完善建议13条。浙江省玉环市纪委监委进一步严格落实公务接待、商务接待用餐标准，严格执行公务接待“一卡一结算”和每月公示报告制度，完善公务接待报销流程，严格做到“一函一单一发票”，坚决控制高额消费和上高档菜情况的出现，要求每月在单位内部进行公示，并上报对应派驻机构接受监督检查。针对当前大发展、大建设和一些招商引资等商务接待逐渐增多情况，玉环市结合当地经济社会发展实际，确定对应的商务接待标准，从严控制接待费支出、审批环节，将热情好客与讲排场、铺张浪费严格区分，让商务接待有规可依、有礼有节。

传导压力，以强监督压实相关职能部门责任。“按照中央纪委国家监委有关部署要求，我们正在研究制定专项监督工作方案，拟于近期对各区直单位、部门开展监督检查”，西藏自治区纪委监委有关部门负责人介绍，全区各级纪检监察机关将坚守“监督的再监督”定位，督促各职能部门牢固树立过紧日子思想，举一反三地检视和纠正在公务用车、日常办公等机关事务管理中的浪费行为。湖南省常德市澧县纪委监委把督促整治餐饮浪费与差旅、公务接待、公务用车等领域浪费行为相结合，促进各部门单位结合自身实际完善制度，筑牢反“四风”的篱笆。

为带动餐饮企业推进餐饮节约、绿色发展常态化，引导消费者理性消费，福建省龙海市纪委监委督促市场监管部门在日常工作中，强化对餐饮饭店、集贸市场等涉粮涉食市场主体的监督指导，促进履职到位，在全社会培育良好氛围。浙江省宁波市鄞州区纪委监委将厉行节约、反对浪费纳入一线监督的重点内容，实地暗访餐饮店、企业楼宇食堂倡导节俭用餐、制止餐饮浪费等情况，对发现的部分企业主思想认识不到位、食物浪费现象仍然存在等问题，第一时间反馈给商务、市场监管等职能部门，要求加强行业监管，持续推进“光盘行动”，建立长效机制。

（郭妙兰）

（本文原载《中国纪检监察》杂志 2020 年第 17 期，收入本书时略有修改）

破除违规吃喝的"局"

党员干部违规吃喝，人民群众深恶痛绝。经过党的十八大以来的持续整治，公款吃喝问题得到有力遏制，但仍有个别党员干部混迹于各种形式的酒局、饭局之中。从纪检监察机关近年来查处的有关案例分析可见，饭局的醉翁之意不在"饭"而在"局"，不少时候设宴款待的背后是精心的设局围猎，请君入席的真实目的是请君入瓮。党员干部一定要心明眼亮切莫入局。

现象一　奢靡享乐的局，满足口舌之欲

山珍野味、高档海鲜、年份茅台，这是不少盛宴的标配，同时也紧紧地抓住了一些生活奢靡、追求享乐的党员干部的味蕾。为满足自己的口舌之欲，他们无所顾忌地欣然赴宴。

有的干部习惯于觥筹交错、不醉不休的胡吃海喝，将打卡新饭庄、品尝新菜肴作为生活乐趣，千方百计找老板、拉下属、凑人头组局解馋。有的干部在饭局的长期浸泡中培养

出了所谓的“品味”，爱好欲罢不能，如被查处的重庆市渝北区委原常委吴某某总结出“红酒开胃、白酒佐餐、洋酒助兴、啤酒解酒”的“酒道”。

“我很羡慕老板们的生活方式，和他们在一起吃喝玩乐心情愉悦，觉得这才是我想要的生活。”这是宁夏回族自治区原经信委副主任王某的忏悔。像王某这样眼馋收不住腿的干部不是个例，他们看到老板吃大餐、喝好酒心向往之、艳羡不已，将老板的消费习惯、物质条件作为参照标准，认为“有滋有味”的生活才不负此生。失衡的心态也往往使他们逐步从浅“尝”辄止演变为躬身入“局”，在花天酒地的享乐中无法自拔。

部分干部心馋缺少定力，面对别有用心的饭局之约，内心也有过挣扎，一开始还“一口回绝”，后来就“半推半就”，最终难抵诱惑“满口答应”，屡屡赴约、步步妥协，以“老熟人请客不能驳了面子”等为借口自欺欺人。还有的干部口是心非，人前装腔作势说“不去”，背后却盘算“是否安全”，只要听说饭局不是公款买单、地点又隐秘，就放心大胆吃、敞开肚子喝。

党员干部贪杯嗜酒的爱好，表面看是嘴馋、眼馋，实质是享乐主义、奢靡之风作怪。当他们沉迷于各类饭局之时，已经为自己埋下了违纪违法的种子，也将自己置于被设局者“围猎”的险境。

现象二　拉帮结派的局，借此拉近关系

饭局、酒局被不少干部视作交际场，借着吃吃喝喝拉关系、套近乎，培养感情、建立圈子，实则是拉帮结派、结党营私。

有的干部尊崇“饭局社交”，认为聚会吃饭才有人脉，他们把“吃顿便饭”作为拓展个人社交圈、朋友圈的重要途径，热衷于组织、参与同学会、老乡会、战友会，借着吃吃喝喝把“生人”变成“熟人”。“涉黑涉恶组织成员的一些人，只因参加了我在场的一个饭局，便号称和我关系很好。”江西省庐山市委原副书记周某悔不当初，就因为参加饭局，他被涉黑组织搭上了关系。

有的干部信奉“吃饭开道，喝酒提速”，觉得在饭局上光吃饭不喝酒总归“差点意思”，只有又吃又喝才能产生感情。他们将传统酒文化中的敬酒异化成试探与征服，号称“醉过知酒浓”“酒后吐真言”，以喝酒多少来判断对方对自己的服从度，以酒量高低来识别对方对自己的忠诚度。围猎者也深谙这些干部的心理，将吃吃喝喝作为增进感情、维系关系的长线投资，拎得清地安排一条龙式的陪吃陪喝，用酩酊大醉博得信任。

云南省文山市原副市长杨某某有一个名为“逍遥”的微信群，群里谈论的都是吃喝玩乐之事，每天都有老板排长

队请他吃饭喝酒。在这样的干部看来，桌上的菜价、酒价体现的是自己的身价，只有大吃大喝才成哥们儿。他们在大快朵颐之时和商人老板认干亲、拜把子，把对方的吹捧、奉承当作真心，全然没有了党员干部的样子。

借着酒局、饭局搞“小圈子”收买人心、暗通款曲，推杯换盏之间消弭了正常的人际交往界限，打造出利益共同体，不仅会诱发各种腐败问题，还会给一个地区的政治生态带来不良的连锁反应。

现象三　权力寻租的局，寻求利益输送

所谓“酒杯一端，原则放宽”，一些饭局背后隐藏的是谋事、谋利、谋权的影子。

请客者之所以奉被请者为“座上宾”，无非是请人饭局好张口，谋求办事寻方便。有的老板把“酒桌办事”奉为金科玉律，认为“酒瓶子连着印把子”，即使通过正常流程就可以办的事项，也要拿到酒桌上你来我往。也有干部主动组织饭局宴请老板，为的是在酒酣耳热之际暗示老板“带一带儿子”“照顾下家人生意”，借酒劲说出平时不方便说出口的话。尤需注意的是，一些地方借换届选举之机，通过宴请党员、群众等，搞拉票、串联、助选等非组织活动。

有时候请客者不方便出面，于是就由其他人充当中间

人，这些人也热衷于牵线搭桥，组织饭局好伸手，以备将来不时之需。他们介绍老板和领导干部认识，既能在领导面前博得好感，还能在老板面前混个脸熟，可谓一举两得。像政治掮客苏洪波就曾借用一幢别墅作为集会点，组织大大小小的饭局，对云南的干部人事安排进行布局，结成官商圈子。

饭局中的陪客也不是白吃饭，实则参与饭局好处多。一方面，可以在私密的饭局中探听到内幕消息，从中获利。如某公司董事胡某就曾在饭局上向两名老同学透露了某股票的利好消息，两人不仅自行买入，还接二连三地向亲友“安利”这只股票，导致内幕消息不断泄露。另一方面，他们相信“六人定律”，即两个陌生人之间可以通过六个人来建立联系，通过饭局拓宽自己的人际关系，为以后办事行方便。

这类饭局聚不为情而为利，是通过吃喝进一步巩固利益关系，各取所需。酒喝到兴起时，原则让了步、规矩抛一边，正常办理变成吃喝办事，混淆了政商之间“亲”“清”边界，影响了职务行为公平公正，损害的是党和政府的公信力。

现象四　显示地位的局，赢得别人认可

对于一些领导干部来说，频繁出入饭局，实际上并不仅仅满足食欲，而是满足心理，重要的是显摆面子，享受被大

家“尊重”的感觉。

有的干部错误地认为有人请吃饭，是看得起自己，能够凸显出自身的地位和在某个领域的话语权。而老板也认为领导出席才有派，是给了自己面子。某派出所原所长高某在职期间，多次违规接受管理服务对象的宴请，并在案件查处中徇私枉法，最终受到开除党籍、开除公职处分。他在忏悔书里坦言：“我之前认为天天有人请吃饭是有地位、有面子、走得近的表现，同事、管理服务对象组的酒局，我都来者不拒，还美其名曰了解社情民意。”

另有一类干部，追求的是享受奢靡权力的快感，认为别人捧场才有面。如福建省厦门市思明区科技和信息化局原局长叶某某组织了一个喝酒圈，圈内是长期和他私交甚密的管理服务对象。“在我那酒肉朋友圈，有人叫我‘老大’，听起来觉得顺耳，爽！”全然沉浸于被捧在高位的幻觉中。为了迎合这种领导，有的地方还会组织多人在饭局上溜须拍马，绞尽脑汁说客套话，费尽心思讲敬酒词，让领导享受众星捧月的尊贵感。“有的干部一端起酒杯就能讲个三点、五点，光是欢迎、感谢、请多关照三层意思都能给你整出几个排比句，一看就是长期混迹酒局。”一位基层干部反映。

还有的干部认为在饭局上奢靡铺张才尽兴，只有给足宾客面子，才能让领导有面子，这种观念在招商引资、引才等活动中尤为明显。为了场上的“面子”和头上的“帽子”，不仅菜品花样升级，还宁愿剩菜也不少菜，致使盛宴变“剩宴”。更有甚者，在公务接待中违规饮酒，低档酒类喝得理直气壮，高档名酒轮番上阵，有的为了避人耳目，用矿泉水瓶装上茅台、五粮液等改头换面后带到饭店、摆上酒桌。

这类饭局的目的是通过饭与酒的助兴，投其所好地把对方伺候好，满足其虚荣心，饭局上高兴了，后续的事情自然就好办了。党员干部长期浸淫在这样的饭局里，将助长特权意识，影响党和政府的形象。

高压禁令之下，缘何禁而未绝

近年来，党中央在纠治“四风”上持续发力，各级纪检监察机关查处违规吃喝问题的力度越来越大。如此高压态势之下，为何仍有一些党员干部“吃心不改”，频频光顾饭局？

一则是扭曲历史文化使然。“好吃”干部拿“食文化”和“酒文化”为借口，谈项目、迎检查、办公事等都放到了酒桌上，觥筹交错之中你来我往，这不过是给自己的贪吃享乐披上中华传统文化的外衣，实际上哪里真正理解文化的内涵？这些人“喝的是酒，喷的是口水，讲的是关系，办的是事情”，希望借酒来增深感情，把不可能的事情变得水到渠成。

不良社会风气是造成饭局肆意横行的一大原因。有的认为吃点喝点是人之常情，无酒不成席，大家都是这么做的，法不责众。某些地方跑项目、要资金还要靠吃饭喝酒，饭局甚至成为衡量干部地位和能力的重要标志，如果没有饭局，反而会被贴上“不合群”的标签。还有的认为礼尚往来、社会通行，把饭局当成是一种互惠互利的投资，今天好好招待人家，日后见面求人办事更方便，提拔重用更有希望。

权钱交易需求导致违规吃喝的局异常顽固。从近年查处的违纪违法案例来看，很多党员干部贪污受贿，走上违法犯罪道路，往往是从和行贿者吃喝玩乐开始的。商人老板请党员干部吃饭，是以饭局为诱饵来达到“围猎”目的，使党员干部为其牟取不法利益服务。而党员干部则在与行贿者的推杯换盏中，把围猎者当成朋友，把市场经济商品交换原则带进党内，把权钱交易异化为朋友情谊，一步步放松警惕、失去底线。

侥幸心理作祟也是导致违规吃喝的局屡禁不绝的重要原因。饭局转入地下以为“发现不了”，报销单据伪装得更巧妙以为“核查不了”，不吃公款改吃老板以为“查证不了”——三招下来，有的干部自作聪明地认为“吃喝风”穿上了隐身衣，只要“嘴巴一抹，了无痕迹”，就能逃避纪检监察机关的查处。还有的受到了“心理绑架”的裹挟，碍于朋友、老乡的情面聚了不该聚的餐，实则是难过“友情关”，更轻信熟人朋友不会出卖自己，觉得偶尔吃一顿被查风险不大。

久久为功纠治“吃喝风”，避免“腐从口入”

违规吃喝是最容易发生、最容易败坏党的形象、最容易带坏党风社风民风的典型问题之一，必须横下一条心，坚定不移狠抓下去。

管住吃请的人。吃人的嘴短，拿人的手软。很多可怕的贪婪，都是以吃喝作为开场白的。找出“重点人”，有的放矢、集中精力，把“危险的人”盯住。比如，手中有权的干部、管钱管物的干部、热衷吃喝的干部。盯紧“重要节点”，违规吃喝在节假日、婚丧嫁娶日、个人喜庆日易发多发，一些党员干部容易产生趁机出去放松的念头，要紧盯重要时间节点抓好监督检查，持续正风肃纪。当前正值换届的当口，更要紧盯干部借当选、提拔之机搞“欢送宴”“欢迎宴”、喝“庆功酒”“饯行酒”。管起“八小时之外”，让党员干部在民主生活会上就业余生活、社交、娱乐等情况进行自我剖析，开展批评和自我批评，常敲“天下没有免费的午餐”的思想警钟，防止误入饭局陷阱。领导干部违纪违法往往由在外就餐诱发，建议积极倡导领导干部多在家、在食堂就餐，压减或杜绝外出参加非必要宴请。

约束请吃的人。所谓“一个巴掌拍不响”，有人想吃，也得有人请吃。破除违规吃喝的局，要在管住领导干部的同时，也管住大摆“鸿门宴”的商人老板。细化交往规范，积极构建亲清新型政商关系，列出政商交往的正面清单和负面清单，让领导干部和企业家明明白白把握交往尺度。惩戒触碰红线，完善不廉洁企业及其负责人“黑名单”制度，对以“请吃”公关、设局摆宴的企业采取“初犯警告、再犯严重警告、累犯纳入‘黑名单’”，在规定期限内实行行业禁入。优化政务服务，主动关心、及时回应企业的合理诉求，切实为企业发展排忧解难、添薪续力，改变“项目只有在酒局饭桌上才能拍板”的印象。

挖出陪吃的人。陪吃的人是饭局上的“配角”，自以为躲在角落无人注意，但实际上也是权钱交易腐败链条的关键一环，必须严惩严治。既抓“主角”也揪“配角”，坚持“参加吃喝的人一律查清”，让党员干部深刻认识到违规吃喝没有“主”“配”之分，主动摈弃“随大流作陪责任不大”的心态。既处分“主角”也不放过“配角”，保持执纪执法力度，对违规违纪参与饭局的陪吃者，发现一个查处一个。同时，要深化运用党纪政务处分、组织处理或组织调整等方式，既把“主角”打痛也让“配角”知痛生畏。

严查组局的人。组局者是饭局的纽带，是始作俑者，必须同样作为查处重点。执纪要严，对频繁牵头组局的人依规依纪、从严从快惩处，提高其违纪成本，形成强有力的震慑。对于通过组局行贿获取的经济利益、职务晋升、资格资质、荣誉奖励，要依纪依法予以没收、追缴、取消等处理，让其付出高昂代价。挖掘要深，与吃请者“同查”，对每一起违规吃喝的案件，都要循案深挖，追查牵头组局的人。而组局的人所牵涉的往往是更多的利益勾连群体，一旦抓住这个“牵头人”可能会“拔出萝卜带出泥”，因此要再深查一层，揪出潜藏的“局中人”。通报要广，与吃请者“同绑”，对违规吃喝问题点名道姓通报时，也决不落下组局的人，要将其一起曝光。

（赵　丹　侯逸宁）

（本文原载《中国纪检监察》杂志 2021 年第 23 期，收入本书时略有修改）

七、严查违规发放津补贴或福利

违规发放津补贴或福利问题为何居高难下

根据2020年2月全国查处违反中央八项规定精神问题月报，在查处的享乐主义、奢靡之风6类问题中，违规发放津补贴或福利问题数532起，排名第二位。统计数据显示，自2015年1月至2020年2月，5年多时间，纪检监察机关共查处此类问题6.4万起，占同期查处的26.2万件享乐主义、奢靡之风问题的24.4%，占比第一。

屡屡发生的“节日病”

元旦春节、五一端午、中秋国庆等节点，是违规发放津补贴或福利问题的高发期。自2015年1月全国查处违反中央八项规定精神月报加入“违规发放津补贴或福利”这一项后，此类问题在违反中央八项规定精神问题中占比一直居高不下，每年的12月至次年1月、5月至6月、10月至11月，查处的此类问题数多出现小高峰。

“这表明节点期间，该类问题较为突出，也体现了纪检监察机关紧盯关键节点、加大整治力度措施的精准性。”福建宁德市纪委监委党风室主任陈剑峰说。

通报案例也印证了这一点。党的十九大以来，中央纪委国家监委网站通报曝光的违反中央八项规定精神问题中，153 起涉及违规发放津补贴或福利问题，其中近 50% 发生在节点期间。有的典型案例延续数年，涵盖多个节日。如 2013 年 1 月至 2016 年 6 月，宁夏银川物资集团公司多次在节假日前夕以过节费、防暑费、劳保费、季度奖、年终奖等名义，发放福利 51 万余元。

节点期间，违规发放的津补贴或福利名目繁多、花样百出。首当其冲的是违规使用专项经费发过节费、加班补贴、节日补助和年终误工补贴等，紧随其后的是以违规使用集体资金、虚列开支等方式购买发放节日福利。此外，有的还以“上、下半年补贴”等巧立名目违规发放补助。究其根源，是对拜年过节发红包传统习俗的异化扭曲，也是“以前发、现在发”的惯性使然，“别人发、我也发”的从众心理作祟。

有漏可钻的“制度病”

违规发放津补贴或福利问题之所以屡禁不止，与相关制度不够健全完善、笼子扎得不紧，约束不力有很大关系。

有的标准严重滞后、脱离当前实际。调研发现，有些地方中小学校教师的教龄津补贴标准已经实行了30多年，没有增长，现在每月仅3~10元，与现实物价水平脱节较大。政策没有及时跟进调整，按此执行显得“很不合时宜”，致使有的地方搞土政策，“明修栈道、暗度陈仓”。

有的规定泛化、不够清晰明确。查处的不少案例显示，有的单位违规发放津补贴或福利问题持续五六年时间，就是由于制度不健全、规定不明确，之前乱发放，十八大之后依然延续以往的错误做法。另外，有干部表示，基层工作千头万绪，诸如遇到值班、误餐等情况，可不可以发补贴、能发多少，规定不甚明确，发了可能没有政策支持，不发又似乎于情于理不合，把握起来难度很大，稍有不慎就触碰纪律红线。

搭“顺风车”、打“擦边球”，政策执行不规范的现象时有发生。有的地方、单位沿用过期、失效的文件，怎么对自己有利怎么来；有的执行政策搞“选择性解读”，“歪嘴和尚念经”；有的利用已有津补贴项目不讲政策原则，好处人人有份，甚至按行政级别制定发放标准，擅自扩大发放范围、提高标准。

此外，财务管理不规范、监督不到位，给违规发放津补贴或福利提供了可乘之机。宁夏贺兰县纪委调查发现，该县公证处一度监管缺位，财务管理混乱，员工医疗与养老保险不按规定基数缴纳随意拔高、财务发票未附清单且账目存在涂改等问题时有发生。

积弊难除的“慢性病”

违规发放津补贴或福利问题积弊难除主要表现在，一方面，屡禁屡犯、禁而不绝。从全国月报显示查处的此类问题总数来看，2016 年、2017 年、2018 年同比分别增长 38%、23%和 31%。在 2018 年达到峰值，这从一个侧面反映出国家监委组建并与中央纪委合署办公后带来的治理效能；2019 年查处问题数同比下降 7. 5%，表明持之以恒整治收到较好效果。

即使如此，也应当清醒意识到，2015 年至 2018 年，这类问题数分别占同期所有类型问题数的 20. 3%、25. 2%、24. 8%和 25. 5%，始终高居首位。2019 年全国查处的享乐主义、奢靡之风问题中，违规发放津补贴或福利问题依旧占比第一。

另一方面，在高压态势下，违规方式、手段逐步由明转暗。2019 年湖北咸宁市纪委监委就违规发放津补贴问题调研发现，有的资金来源、发放渠道日趋隐蔽，看到公账支出有困难就打起管理对象主意，有的将公款用“合理”方式支出再“回笼”，兜兜转转将“公家钱”塞进个人“腰包”，有的费用不走“明账”走“隐账”，转移到食堂等科目企图瞒天过海……隐形问题的增多，使得查处难度进一步加大。究其原因，主要还是思想上不重视，自认为“问题不大是小事”“为大家办事是好事”。

当然也应看到，近年来查处的此类问题，其中相当一部分是存量。2019 年共查处违规发放津补贴和福利问题 1.53 万起，其中违纪行为发生在党的十九大以前的占比 76.1%，这表明落实中央八项规定及其实施细则精神愈抓愈深入，成果进一步巩固拓展和深化。

自欺欺人的“心理病”

从近年来查处的案例看，明显主观故意、编造名目违规发放津补贴或福利的逐步减少，但透过问题，依然能看到有的党员干部存在侥幸、麻痹等心理。

“天知地知你知我知”的侥幸心理。“八项规定主要针对领导干部，我们是基层党员，上头哪会顾得上哩，发个一两百块小纪念品不就是毛毛雨吗?”这是福建一村党支部书记“七一”违规给党员发福利时的想法。“钱不多、事不大，不会引起注意。”“我们操作得很巧妙，没人发现得了。”“只要大家都不说，别人是不会知道的。”……正是这种侥幸心态助推，一些人选择了明知故犯。

有的人认为，相比贪污、挪用或侵占公款，违规发放津补贴或福利“钱也没有都进领导个人腰包”“大家都得了好处”。这种“雨露均沾”的“法不责众”心理，让部分领导干部思想上不重视，对违规问题抵制不够坚决，甚至推波助澜。“这是我们班子成员一起商量确定的。”不少被处理的领导干部都把所谓“集体研究”“集体决策”作为托词，来逃避追责。

迎合下属、怕得罪人的好人主义心理。“考虑到我刚调任不久，一来就把单位惯例打破，大家对我会有意见，于是就同意发放了中秋过节费。”江西会昌县皮肤病防治所所长刘某某的这番话，具有一定的代表性。明知不对，有的领导却担心大家“有意见”，怕对比之下“失了人心”“丢了权威”，于是慷公款之慨、迎下属之好。

此外，有的领导干部路径依赖思想严重，不在创新激励干部方式方法上下功夫，依然“执着”于违规发放津补贴以“调动干部积极性、打开工作局面”老套路，拿“推动工作”当“免责金牌”，增加了刹住这一歪风的难度。

见钱眼开的“贪婪病”

“破山中贼易，破心中贼难。”一些党员干部对违规发放津补贴或福利“乐此不疲”，归根结底还是贪念作祟。

有的人秉持“有权不用过期作废”“能捞一点是一点”的态度，对单位账上的资金结余，总忍不住要动“歪脑筋”。从查处的典型案例看，一些“油水”多、权力大的部门和单位，往往容易成为违规发放津补贴或福利问题的“重灾区”。此外，有的单位领导一到年底就“心痒痒”，企图通过违规发放津补贴或福利，“足额”用完预算内经费，自己也乘机捞些好处。

贪婪，还体现在有的违规发放金额之大上。如2019年1月，云南城投集团一下属企业向11人违规发放奖励金一次性达841.07万元。有学者指出，津补贴或福利发放无序，有些早已经偏离了“为了补偿特殊或额外的劳动消耗以及为了保证职工工资水平不受物价影响”的初衷，无疑暴露了违规者损公肥己的贪欲之心。

打“疫苗”、祛“病灶”

“善除害者察其本，善理疾者绝其源。”

首先，对此类问题露头就打、严厉惩处，持续保持高压态势。要结合实际有针对性地开展专项整治，紧盯问题扭住不放、深挖细查，在减存量上下功夫。要一个节点一个节点抓，强化监督力度，逐个排查，在遏增量上下功夫。要打

“人民战争”，充分调动媒体、群众积极性，把舆论监督、群众监督的作用发挥出来，让违规违纪者无处藏身遁形，在抓杜绝上下功夫。要抓好通报曝光和警示教育，运用典型案例，时时敲响警钟，教育引导党员干部牢固树立正确的权力观、利益观，校正认识偏差、端正思想观念，真正做到心中有戒，绝不逾越“红线”，在强化“不想”上下功夫。

中央八项规定，是给全党立规矩。发放津补贴或福利，同样要立好规矩。一要立新规矩，结合新形势新任务新要求，拾遗补阙，把没有的建起来，制定新的规章制度，让守规者有据可依。二要改旧规，紧盯形势发展需要，对以往制度规定进行起底检视，该修订的修订，该废止的废止，着重解决过时滞后、泛化笼统的问题，进一步明晰清单条规、划出政策界限，让意图违规者无孔可钻。健全完善政策制度，涉及中央和地方不同层面，涉及组织、人社、财政、国资等多个部门，各方应积极担起相应责任，共同做好这项工作。三要抓执行，督促财政审计等部门履行好监管职责，采取有力措施推动相关单位不折不扣执行好规章制度，增强刚性约束，让制度的笼子更密更牢。

违规发放津补贴或福利，看似大家参与、人人得利，但作出决定的，一般是相关单位主要领导或分管领导，这就要求紧盯“关键少数”、压实主体责任。从监督执纪的实践看，盯住“关键少数”特别是一把手，严惩责任人，把担子真正压紧压实，往往能取得事半功倍的效果。近年来，许多地方查处此类问题时都加大问责力度，对落实责任不力、问题多发频发的严肃追责，注意督促领导干部履好职尽好责，严格管好“钱袋子”，坚决杜绝乱签字、乱发钱，取得较好成效。

（余哲西　郭妙兰　侯逸宁）

（本文原载《中国纪检监察》杂志 2020 年第 8 期，收入本书时略有修改）

八、整治违规配备使用公务用车

让“车轮歪风”无处遁形

从中央纪委国家监委有关部门了解到，车改以来，有关公车私用的举报逐年降低，党的十九大后，全国查处违反中央八项规定精神问题中，违规配备使用公车问题从2017年的9087起，下降到2019年的7666起。2020年“五一”假期前，中央纪委国家监委网站通报曝光各地违反中央八项规定精神问题106个，虽然涉及违规配备使用公车的只有13例，其中8例却是私车公养，这表明新形势下的“车轮歪风”时有发生，并且遁形变异有了新变化。

车改六年，“车轮歪风”得到有力遏制

在落实中央八项规定精神的大背景下，2014年7月，中办、国办印发《关于全面推进公务用车制度改革的指导意见》，开启公车改革进程，多年顽症痼疾迎来治理契机，“车轮歪风”逐渐稀疏甚至销声匿迹。

改革首先在公车数量上集中开刀。重新核定用车需求，党政机关等单位的一般公务用车和司局级及以下领导干部的

徐光伟　绘

固定用车大幅取消，公车数量大大减少。2017 年 10 月，中央和国家机关公车改革率先收官，共取消公车 3868 辆，车辆压减率超过六成。全国参加车改的 29 个省份中，许多省份党政机关公车压减率也在 50%以上，以往在路上满眼都是的公车变少了。

2017 年出台的《党政机关公务用车管理办法》则明确对配备公车标准进行瘦身，在排气量和价格等方面作出严格规定，让“豪华炫耀”的公务车走向简约实用，以往明目张胆的公车配备和公车私用乱象难觅踪迹。

与公车改革一体推进的是公车的管理。“公车统一进行管理调配，用车规范程度大大提高，谁也不愿意用一次车就冒被发现、受处分的风险，公车私用明显减少。”多地纪检监察干部坦言，公务用车平台的管理和监测，增强了党员干部公车公用的意识。以往“送孩子上学、外出旅游甚至上街买菜都用公车”的场景，如今已经很难见到，饱受社会诟病的公车私用问题大为改观。

“从中央到地方的公务用车改革基本到位，达到了既降低行政成本、减少政府消费，又落实中央八项规定精神、改变党风政风的预期目标。公车改革成果得到了社会和公众的认可。”中央党校（国家行政学院）教授竹立家说。

披上“隐身衣”，顶风违规违纪仍时有发生

一些党员干部不能在明面上违规用车，转而在背地里玩起新花样，隐形变异和改头换面问题日渐凸现。

公车私用从明目张胆转为藏头露尾。公车改革后，一些党员干部在公车私用上明里不敢暗地干，有的名为公车实则“专”用，单位不多的公务用车只有一把手上下班通勤、开会出差才能使用，公车变成了专车。有的借下面公车归个人私用，以工作需要为名，找下属单位或管理服务对象借公车无偿使用，如吉林市机关事务管理局保卫处原

副处长赵某某利用职务影响，占用某企业车辆长达9年。有的把公车“顺道”私用，将执勤执法车辆和应急车辆作为“挡箭牌”，打着办公事名义办私事，如重庆市忠县检察院法警大队原大队长冯某某利用外出送达法律文书机会，先后9次驾驶警车接送、探望家属。凡此种种，根子上还是特权思想作祟，认为公车是领导“标配”，没有专车有失身份、有损面子，“专车情结”浓烈。“这种认识，不仅存在于领导脑子里，也存在于一般干部心中，大家都觉得这很正常。不少被查处的领导干部，都以此来辩解。”浙江省绍兴市上虞区纪委监委一名干部如是说。执勤执法车辆和应急车辆的违规使用则反映出驾驶者的“用车特权”，虽然标识明显，但用车临时性强，没有固定路线，出行因公还是因私难以辨识。

一些地方按下了“公车私用”的葫芦，却又浮起了“私车公养”的瓢。有的私车加公家油，借管理公务加油卡的便利慷公家之慨，打着开私车为单位办了公事的旗号揩“公家油”。如宁夏西夏区林业和葡萄产业局原党组成员、副局长王某某以绿化任务繁重、经常私车公用为由，使用公务加油卡为自己的私车加油17次。有的私票公家报，借着权力和工作之便，拿着私家车加油票、保险费、维修费、年检费等发票，统统到单位下账，导致“三公”经费不降反升。有的私车租给公家，将车辆产生的所有费用都拿到单位

“消化”，如西安市阎良区农机管理站违规租用包括站长李某本人在内6名干部私家车6辆，支付租车费用共计1.44万元，加油费共计1.47万元。私车公养由暗流涌动逐渐浮出水面，究其原因，一是侥幸心理作祟。认为偷偷加百八十块的油很难被查到，久而久之习惯成自然，把“占公家便宜”视为隐形福利；二是补偿心态作怪。认为公车改革造成“个人损失”，便想方设法“恢复原样”，“既然私车公用了，那就趁机多加点公油、多报销点公费，总之不能让自己吃亏”；三是制度缺失和管理漏洞使然。比如，一些公车主管部门和用车单位在公务加油卡管理上粗放，没有建立公务加油的清晰台账，油卡过多、一卡多车，使一些人得以在一笔笔“糊涂账”中“浑水摸鱼”。

面对公车配备标准的明文规定，有的党员领导干部违规给公车进行豪华装饰。有的以长期租赁豪华车辆的方式直接进行规避，如青岛仲裁办党组书记、副主任王某某，超标准租用一辆排气量为2.0升的轿车归自己乘坐。这些人满脑子装的都是享乐奢靡思想，求舒服、要面子、摆架子，内心深处纪律意识淡漠，对中央八项规定精神和有关规定置若罔闻，自认手段高明藏得深、组织发现不了，缺乏敬畏知止、遵规有戒。

北京建工新型建材有限公司副总经理每月享受3000元交通补贴的同时，还长期使用该公司公务车辆，额外报销4

万多元交通费用。更有甚者，在领取补贴后，又由单位专门租用车辆作为自己“专车”使用，像海南省定安县土地开发整理储备中心主任傅某某在按月领取交通补贴的情况下，将单位租用的一辆公务用车作为个人上下班“专车”使用。配备公车和领取补贴（或实报实销公务交通费用）只能二选其一，是公车改革考虑到一些地方和单位公务出行的实际需求，为确有配车需要而留出的灵活空间。结果在一些保留一般公务用车的单位，有人就钻“特殊情况下，可以使用公务用车”规定的空子，把“特殊情况”解读、演变为“任何情况”，而在部分监管缺失的国有企业中，“车补公车两头占”现象也是易发多发。这反映出有的党员领导干部无视车改节约公共资源的初衷，将补贴视为专车之外的额外福利，为一己私利肆意扭曲歪解公车改革制度规定，把配备公车、领取车补二选其一偷偷变成两头全占。

此外，为补充公车数量不足而推广的公务租车同样产生一些问题。有的单位口头协议车辆随用随租，缺乏透明规范的机制；有的单位违规向网约车公司预存资金，单位干部可以“按需”叫车叫代驾；有的单位公务租车报销时只附一张无具体用车明细的汇总发票，无法真实反映单位车辆租赁费用。在如何租车、租谁的车没有明确规定时，有关单位自由裁量权过大，一些干部便借公务租车行私人之便，造成另类“公”车私用甚至“公”车滥用。

公私分清、施策收紧、监督联网

调研中，不少纪检监察干部认为，公车改革后出现的“车轮歪风”，根子出在一些党员干部的思想认识和主观意愿上，有人是想破脑袋找制度漏洞、削尖脑袋钻政策空子，有好处不拿心痒、有便宜不占难受，解决问题光靠觉悟不行，还得靠政策制度。

整治公车私用、超标配车，关键抓公车“公开”。要加标识，持续推进公务用车喷涂标识，增强辨识度，群众一眼便知其身份，让公车曝光于全社会监督之下。要用科技，比如为公车加装卫星定位系统，全程掌握车辆外出行驶路线、停泊地点和使用时间等信息，甚至还可配置预警程序，非工作时段使用、行驶进入敏感区域会自动报警提示，让公车全时段处于监管部门的监控之下。要抓经常，加强对公务用车的日常管理，做到“动车必申请、用车必为公、收车必登记、停车必规范”，细化公务用车平台的层次设计，根据不同人群用车频次进行分级管理，增加公车调度使用便利程度，让公车始终“在阳光下奔跑”。

私车公养，是公车改革后出现的新问题，也是当前亟待解决的大问题，破解的关键是把公、私分离分清。一要把公车与私车尽量切割，公车办公事、私车办私事，这个原则必须守住，特殊情况下私车公用，按市场价格予以补偿，但必须有说明、有证明、有审核，使公车和私车成为“两股道上跑的车”。二要以购买用车服务弥补公车保障不足，像一些地方和部门成立公车服务中心或直接到社会租车，都是有益的尝试，但对此必须作出严格规范，使私车跑不上“公车道”。三要严控并逐步压缩“三公”经费，加大审计监督力度，严防年度公车使用经费超标突破，客观上不断稀释、减小这桶“油水”，使私车不愿跑“公车道”。四要确保一车一卡对应，封堵用车用卡者“时刻觊觎”的空子。比如，辽宁沈阳开展的公务油卡管理大督查活动，借助大数据比对发现违规使用公务加油卡 9591 张，查处涉案人员 4850 人，使私车不敢跑“公车道”。

领车补和配公车两头占，主要是领导干部特别是一些单位的一把手所为，关键就是盯紧管好他们。一是，得发现一个严惩一个，不讲情面、不留“后窗”，切实增加违规违纪成本，让这些人“算账”觉得不值得。二是，得正确解读公车改革政策要求和具体规定，不给有特权思想的人要特权的空间，让这些人无法曲解规则钻空子。三是，得有相关制度规定保障，定期公布领取车补和公车使用具体情况，发动群众监督，让这些人无颜两头通吃占便宜。

另外，公车主管部门、用车单位、纪检监察机关、公安交通管理、财政、审计等部门要强化监督合力，加快建设区域性公务用车服务平台，高效保障公务出行，实现公车运行全过程监控、运维费用全流程记录，公车管理信息系统一键汇总分析，逐步实现公车管理“一张网”，实现信息互联共享，让违规配备使用公车者无处遁形、无空可钻。

（王丹妮　沈　叶　韩建明）

（本文原载《中国纪检监察》杂志 2020 年第 10 期，收入本书时略有修改）

附录1：2020年全国查处违反中央八项规定精神问题月报数据解读

坚持不懈推进正风肃纪

——解读2020年全国查处违反中央八项规定精神问题月报数据

2020年12月24日，月报如约而至。中央纪委国家监委公布的最新一份全国查处违反中央八项规定精神问题统计表显示，2020年1至11月，全国共查处违反中央八项规定精神问题117698起，批评教育帮助和处理党员干部170839人，其中党纪政务处分100323人。数据胜过千言万语，反映出纪检监察机关持之以恒落实中央八项规定精神的工作成效和坚定决心。

2020年1月首次公布形式主义、官僚主义问题，剑指不担当、不作为

2020年形式主义、官僚主义查处问题数占比图

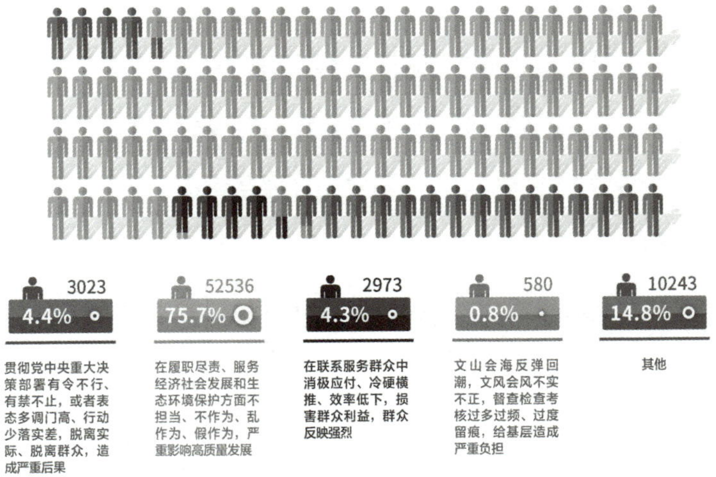

2020年前11个月，全国各级纪检监察机关共查处形式主义、官僚主义问题69355起，占查处问题总数的58.9%。批评教育帮助和处理党员干部103472人，其中党纪政务处分53205人。从查处问题类型看，“在履职尽责、服务经济社会发展和生态环境保护方面不担当、不作为、乱作为、假作为，严重影响高质量发展”问题最为突出，在查处的全部形式主义、官僚主义问题中占比达到75.7%。这提醒我们，此类问题居高不下，是当前作风建设的重点，必须高度警惕。

“四风”问题查处数据与2019年同比有升有降

形式主义、官僚主义问题查处情况　　享乐主义、奢靡之风问题查处情况

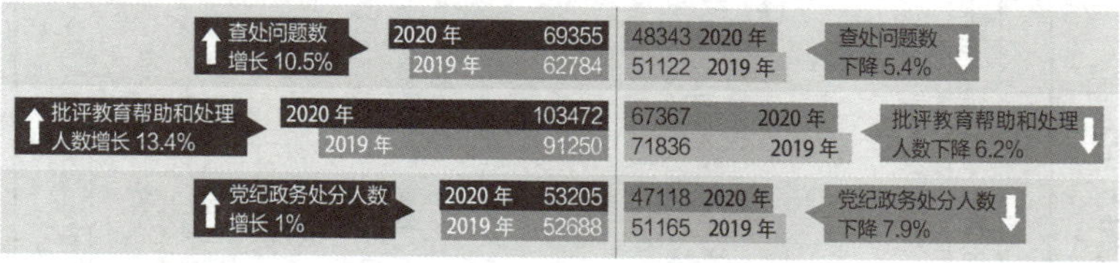

各级纪检监察机关整治形式主义、官僚主义问题工作持续深入推进，继续保持高压态势。2020年1—11月，查处问题数、批评教育帮助和处理人数、党纪政务处分人数三项数据与2019年同期相比，分别增长10.5%、13.4%、1%。

查处问题数、批评教育帮助和处理人数、党纪政务处分人数三项数据与2019年同期相比，分别下降5.4%、6.2%、7.9%。查处问题数持续下降与党的十八大以来享乐奢靡问题发生数逐年下降的趋势表明，在党中央的坚强领导下，全面从严治党不断向纵深发展，作风建设成果不断巩固。

2013年以来，从查处问题数看，享乐奢靡歪风得到进一步遏制

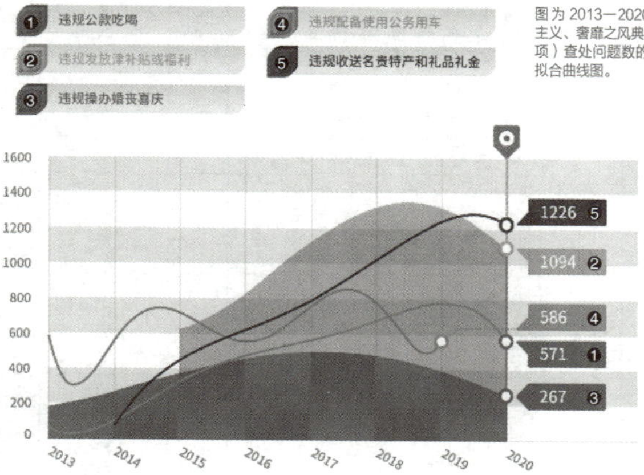

图为2013—2020年，享乐主义、奢靡之风典型问题（5项）查处问题数的月平均数拟合曲线图。

党的十八大以来，各级纪检监察机关持续发力，对享乐奢靡歪风露头就打、深挖细查，查处问题数明显增加，释放越往后执纪越严的强烈信号。党的十九大以后，拟合曲线呈现下降态势，表明享乐主义、奢靡之风问题得到进一步遏制，纠治“四风”工作成效开始显现，但违规收送名贵特产和礼品礼金、违规发放津补贴或福利等问题占比依然较高，说明作风建设永远在路上。

2020 年全国查处违反中央八项规定精神问题 136203 起

时期	项目	总计	级别				问题类型													
							形式主义、官僚主义问题					享乐主义、奢靡之风问题								
			省部级	地厅级	县处级	乡科级及以下	贯彻党中央重大决策部署有令不行、有禁不止，或者表态多调门高、行动少落实差，脱离实际、脱离群众，造成严重后果	在履职尽责、服务经济社会发展和生态环境保护方面不担当、不作为、乱作为、假作为，严重影响高质量发展	在联系服务群众中消极应付、冷硬横推、效率低下，损害群众利益，群众反映强烈	文山会海反弹回潮，文风会风不实不正，督查检查考核过多过频、过度留痕，给基层造成严重负担	其他	违规收送名贵特产和礼品礼金		违规吃喝		违规操办婚丧喜庆	违规发放津补贴或福利	公款旅游以及违规接受管理和服务对象等旅游活动安排	其他
												违规收送名贵特产类礼品	违规收送礼金和其他礼品	违规公款吃喝	违规接受管理和服务对象等宴请				
2020年以来	查处问题数	136203	0	587	8286	127330	3203	60184	3369	654	11301	742	15746	7381	3615	3500	14351	2886	9271
	批评教育帮助和处理人数	197761	0	706	10675	186380	4997	90513	4865	1044	16187	857	19403	10878	5851	4002	23050	4607	11507
	党纪政务处分人数	119224	0	484	6653	112087	2392	50527	2341	269	7066	673	15048	7738	4071	2969	15568	3305	7257
备注	享乐主义、奢靡之风“其他”问题包括：违规配备和使用公车、楼堂馆所问题、提供或接受超标准接待、组织或参加用公款支付的高消费娱乐健身等活动、接受或提供可能影响公正执行公务的健身娱乐等活动、违规出入私人会所、领导干部住房违规。																			

数据来源：中央纪委国家监委党风政风监督室

附录 2：2021 年 1—11 月全国查处违反中央八项规定精神问题月报数据解读

回眸 2021

锲而不舍纠“四风”

——2021 年1－11月全国查处违反中央八项规定精神问题月报数据解读

2021 年 12 月 28 日，中央纪委国家监委公布了 11 月全国查处违反中央八项规定精神问题统计表，持续释放坚决防反弹回潮、防隐形变异、防疲劳厌战，一严到底纠“四风”树新风的强烈信号。

1 盯住不放保持高压态势

查处形式主义官僚主义各类问题数占比

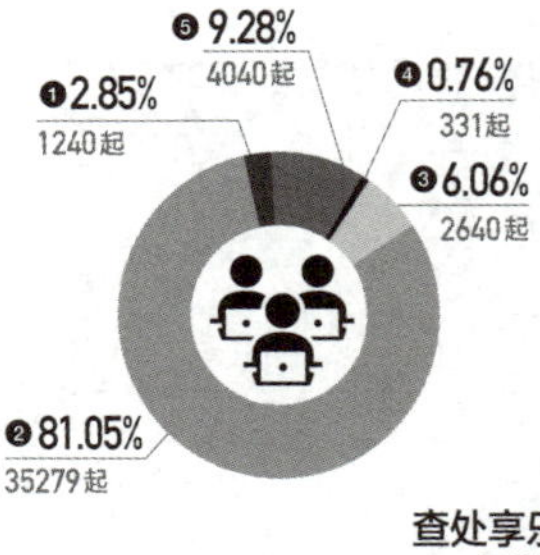

❶ 贯彻党中央重大决策部署有令不行、有禁不止，或者表态多调门高、行动少落实差，脱离实际、脱离群众，造成严重后果

❷ 在履职尽责、服务经济社会发展和生态环境保护方面不担当、不作为、乱作为、假作为，严重影响高质量发展

❸ 在联系服务群众中消极应付、冷硬横推、效率低下，损害群众利益，群众反映强烈

❹ 文山会海反弹回潮，文风会风不实不正，督查检查考核过多过频、过度留痕，给基层造成严重负担

❺ 其他

查处享乐主义奢靡之风各类问题数占比

❶ 违规收送名贵特产和礼品礼金

❷ 违规吃喝

❸ 违规操办婚丧喜庆

❹ 违规发放津补贴或福利

❺ 公款旅游以及违规接受管理和服务对象等旅游活动安排

❻ 其他

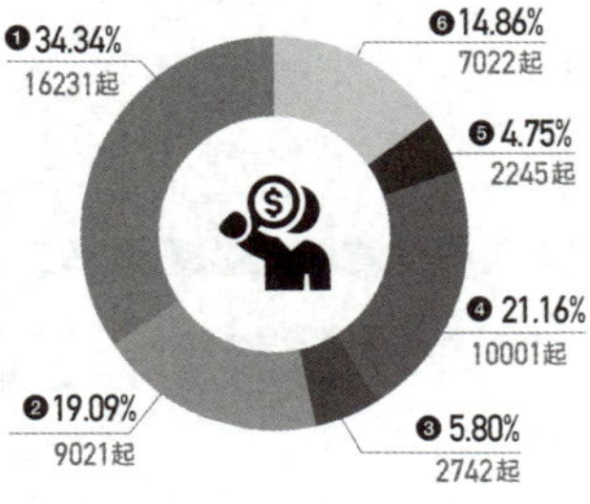

2021年1－11月，全国共查处形式主义、官僚主义问题 4.4 万起，查处享乐主义、奢靡之风问题 4.7 万起，表明持之以恒纠治“四风”的坚定决心。

2 靶向纠治突出问题

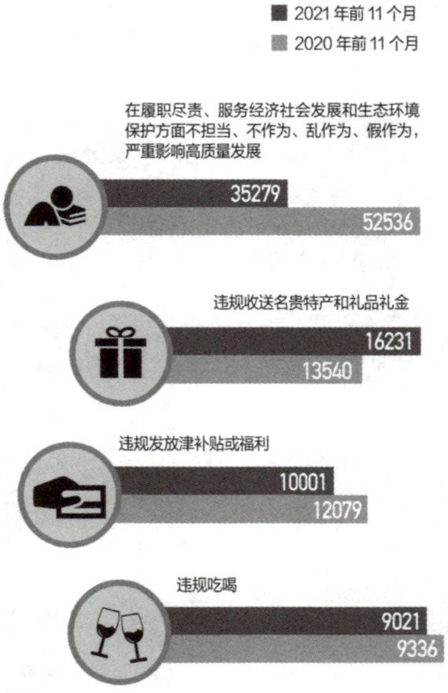

这四类问题最突出，说明这些问题依然易发多发，今后仍需保持惩戒力度。与 2020 年相比，查处违规收送名贵特产和礼品礼金问题有所增加，表明各地区各部门认真落实中央纪委五次全会部署，聚焦这一问题大力整治，取得了突出成果。

3 坚持严的主基调不动摇

2020 年前11 个月

58.7%

党纪政务处分人数占批评教育帮助和处理人数的 58.7%；

2021 年前11 个月

66.8%

党纪政务处分人数占批评教育帮助和处理人数的 66.8%。

党纪政务处分人数占所有处理人数的比例保持在较高水平，充分彰显了坚定不移从严抓作风的决心意志。

4 层层传导压力

2021 年前 11 个月四个级别查处总人数与去年同期相比

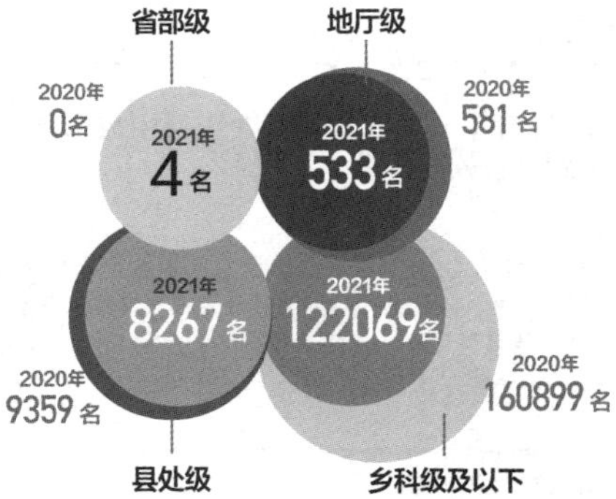

2021 年1—11月，查处省部级 4 人，地厅级 533 人，县处级 8267 人，乡科级及以下 122069 人，反映出各级纪检监察机关层层传导压力，严格执纪，推动各级党员领导干部落实中央八项规定精神。

5 既抓群体犯规又盯个体违纪

享乐主义奢靡之风各类问题处理人数与查处问题数比值

示例说明

以“违规吃喝”为例，共查处问题数 **9021 起**，批评教育帮助和处理人数 **13755 人**，平均每百起问题处理 **152 人**。以此类推，右图呈现的是各项中平均每百起问题处理的人数。

❶ 违规吃喝
❷ 违规发放津补贴或福利
❸ 公款旅游以及违规接受管理和服务对象等旅游活动安排
❹ 违规收送名贵特产和礼品礼金
❺ 违规操办婚丧喜庆

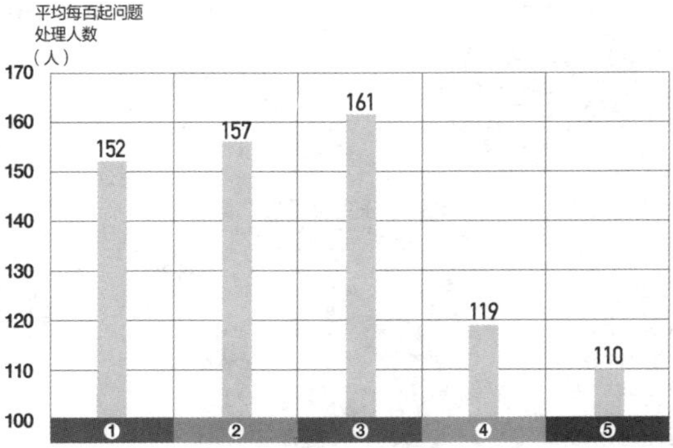

“违规吃喝”“违规发放津补贴或福利”“公款旅游以及违规接受管理和服务对象等旅游活动安排”这些问题查处人数多，说明特点为群体违纪，涉及面大。“违规收送名贵特产和礼品礼金”“违规操办婚丧喜庆”这些问题查处人数较少，一般都是“一对一”“个对个”，涉及面小。

2021 年全国查处违反中央八项规定精神问题 104223 起

时期	项目	总计	级别				问题类型												
							形式主义、官僚主义问题					享乐主义、奢靡之风问题							
			省部级	地厅级	县处级	乡科级及以下	贯彻党中央重大决策部署有令不行、有禁不止，或者表态多调门高、行动少落实差，脱离实际、脱离群众，造成严重后果	在履职尽责、服务经济社会发展和生态环境保护方面不担当、不作为、乱作为、假作为，严重影响高质量发展	在联系服务群众中消极应付、冷硬横推、效率低下，损害群众利益，群众反映强烈	文山会海反弹回潮，文风会风不实不正，督查检查考核过多过频、过度留痕，给基层造成严重负担	其他	违规收送名贵特产和礼品礼金		违规吃喝		违规操办婚丧喜庆	违规发放津补贴或福利	公款旅游以及违规接受管理和服务对象等旅游活动安排	其他
												违规收送名贵特产类礼品	违规收送礼金和其他礼品	违规公款吃喝	违规接受管理和服务对象等宴请				
2021年以来	查处问题数	104223	7	565	7490	96161	1441	41005	2988	371	4643	745	17716	6377	4036	3063	11318	2528	7992
	批评教育帮助和处理人数	150362	7	624	9273	140458	2237	63463	4234	522	6975	858	21062	9462	6368	3352	17837	4032	9960
	党纪政务处分人数	101224	5	486	6123	94610	1406	40442	2562	166	3554	651	16455	7059	4318	2634	12467	3011	6499
备注	享乐主义、奢靡之风“其他”问题包括：违规配备和使用公车、楼堂馆所问题、提供或接受超标准接待、组织或参加用公款支付的高消费娱乐健身等活动、接受或提供可能影响公正执行公务的健身娱乐等活动、违规出入私人会所、领导干部住房违规。																		

数据来源：中央纪委国家监委党风政风监督室